„Kochen macht glücklich,
davon sind wir felsenfest überzeugt".

Sonja Schnögl und Rosemarie Zehetgruber

Abrakadabra
Schnelle Rezepte für jeden Tag

Sonja Schnögl und Rosemarie Zehetgruber
Mit Fotos von Miguel Dieterich

avBUCH

Inhalt

Ein bisschen Küchenzauber 6

Schnelle Küche mit Qualität und Pfiff 7

Schnelle Zutaten und Zubereitungsmöglichkeiten 8

Unsere besonderen Lieblingszutaten 10

Schnell mit gutem Werkzeug 12

Gebrauchsanweisung 13

Rezepte für den Frühling 14

Rezepte für den Sommer 42

Rezepte für den Herbst 70

Rezepte für den Winter 98

Lieblingsbücher 126

Rezepte von A bis Z 126

Ein bisschen Küchenzauber

Kochen macht glücklich! Davon sind wir felsenfest überzeugt. Schließlich haben wir schon oft genug erlebt, wie sich beim Schneiden, Rühren, Würzen und Kosten die Stimmung hebt. Wenn es in der Küche nach Kräutern und Zitrone riecht, wenn es im Suppentopf blubbert und wir unter unseren Händen einen seidigen Teig spüren, geht es uns gut. Kochen ist eindeutig eine kreative Tätigkeit. Selbst gemachtes Essen aus frischen Zutaten hat außerdem eine unschlagbare Qualität: Es nährt nicht nur den Körper, sondern auch die Seele und den Geist. Die Arbeit zahlt sich also aus.

Aber wir geben schon zu: Kochen macht uns nur dann glücklich, wenn wir Zeit und Muße dazu haben. In unserem Alltag als berufstätige Mütter ist das leider selten der Fall. Wahrscheinlich kennen Sie das auch: Nach der Arbeit schnell noch einkaufen (aber was bloß?), die Kinder abholen und wenn Sie dann endlich zu Hause sind, soll das Essen möglichst bald fertig sein. Jetzt noch genüsslich in einem Kochbuch blättern und dann ganz entspannt in kurzer Zeit ein wohlschmeckendes Menü auf den Tisch bringen – das ist einfach unrealistisch. Oder doch nicht? Wir stehen jedenfalls in dieser Situation oft ratlos vor dem Regal mit den Kochbüchern und den Stapeln von Kochzeitschriften – da war doch unlängst so ein tolles Rezept. Aber wo bloß? Wir finden es nicht und es fällt uns natürlich gerade jetzt kein anderes geeignetes ein.

Ein unhaltbarer Zustand! Und so mussten wir einfach dieses Buch schreiben. Wir haben es für uns selbst geschrieben und für alle Frauen (und Männer), die gern kochen und in kurzer Zeit leckere Gerichte auf den Tisch zaubern wollen. Mühelos! Mühelos? Na ja, Kochen ist nie ganz ohne Mühe. Aber es gibt eine Reihe von Tricks, mit denen wir uns die Arbeit erleichtern und versüßen können. Daher finden Sie in diesem Buch nicht nur Rezepte, die wenig Zeit brauchen, sondern auch ein bisschen Küchenphilosophie sowie eine ganze Menge an Informationen und Tipps für Planung, Einkauf und Zubereitung. Damit Sie möglichst oft glücklich sind beim Kochen!

Wir selbst sind übrigens keine gelernten Köchinnen, aber dafür Amateurinnen im besten Sinne des Wortes: Wir lieben alles, was mit Kochen und Essen zu tun hat (ausgenommen vielleicht den Abwasch), wir kochen seit vielen Jahren täglich für unsere Familien und auch beruflich sind wir kulinarisch unterwegs. So haben wir all unser Wissen, unsere Erfahrung und unsere Leidenschaft in diesem Buch zusammengerührt, gut durchgeknetet und hoffen nun, dass der Teig auch in Ihrer Küche aufgeht!

Sonja Schnögl und Rosemarie Zehetgruber

Schnelle Küche mit Qualität und Pfiff

Wir haben uns geschworen, dass wir nicht eines dieser Bücher schreiben wollen, in denen es so viele Rat „schläge" gibt, dass es beim Lesen richtig wehtut. Wir geben Ihnen einfach einen Einblick in unsere Küchenphilosophie. Natürlich freuen wir uns, wenn Sie „auf den Geschmack kommen", ein bisschen missionarisch sind wir halt doch. Wir sind überzeugte Anhängerinnen der Slow-Food-Bewegung (vgl. S. 126). Das ist keineswegs ein Widerspruch zur schnellen Küche.

Beste Qualität – was heißt das?

Wir bestehen beim Essen auf bester Qualität. Das heißt, wir bevorzugen Bioprodukte, weil die weniger Schadstoffe und mehr Geschmack haben. Wir kaufen überwiegend das, was in der jeweiligen Jahreszeit gerade wächst, und gerne aus regionalem Anbau. Saisongerechte Früchte und Gemüse, die am Feld oder Baum reifen konnten und keine langen Transportwege hinter sich haben, schmecken einfach besser. Industriefutter mit Geschmacksverstärkern und künstlichen Aromastoffen brauchen wir nicht. Im Zweifel essen wir lieber ein erstklassiges Butterbrot als ein Fertiggericht aus der Mikrowelle.

Einkaufen – Last oder Lust?

Wir kaufen vieles ganz normal im Supermarkt, gerne aber auch auf Märkten oder Bauernmärkten. Auch Ausflüge zu Orten, wo es interessante Lebensmittel gibt, finden wir spannend. Wir sind immer neugierig auf neue Produkte, Produzenten und Einkaufsquellen. All das macht uns einfach Spaß. Wir haben das Einkaufen, das Kochen und das Essen zum Hobby gemacht. Schließlich handelt es sich beim Essen um einen sehr zentralen Teil des Lebens.

Zeit sparen und planen – muss das sein?

Da wir aber alle schließlich auch andere Dinge zu tun haben, als zu kochen, noch ein paar Überlegungen zum Zeitsparen in der Küche.
Ein Speiseplan für die ganze Woche spart sicher Zeit. Sie können bei einem Einkauf das meiste besorgen und Speisen vorbereiten. Wir haben uns so etwas schon oft vorgenommen, tun es aber so gut wie nie. Am Vorabend überlegen – schon eher. Am Markt oder im Supermarkt schauen, was es gerade gibt, und dann entscheiden, ist uns das Liebste.
Gut ist auch Kochen auf Vorrat und Einfrieren. Es gibt Situationen, da sind wir schlicht dankbar für ein Sugo, ein Lammragout oder eine Hühnersuppe aus der Tiefkühltruhe. Was auch hilft: immer etwas für den ersten Hunger zu Hause haben. Ein paar Scheiben Salami, ein paar Oliven und Grissini, frisches Brot oder Cracker aus dem Vorrat mit einem vorbereiteten Aufstrich. Nach so einer kleinen Vorspeise kocht man entspannter und hat es nicht mehr ganz so eilig. Und zu guter Letzt doch ein Rat: Nehmen Sie das Essen nicht zu wichtig. Doch wirklich, wir meinen das ernst. Es gilt, das richtige Maß in Bezug auf die Ansprüche, die wir ans Essen stellen, zu finden.

Schnelle Zutaten und Zubereitungsmöglichkeiten

Hier haben wir Lebensmittel (in dunkelgrün) und Zubereitungsmethoden (in hellgrün) zusammengestellt, die sich für die schnelle Küche bestens eignen.

Getreideprodukte

Es gibt etliche Getreideprodukte, die in kurzer Zeit gar sind. Sie sind eine feine und abwechslungsreiche Beilage und werden mit einem bisschen Drumherum zur Hauptspeise.
Dazu gehören: Couscous (vorgegarter, getrockneter Weizenschrot), Bulgur (vorgegarter, getrockneter Weizen, grob zerkleinert), Weizen- oder Dinkelgrieß, Polenta (Maisgrieß), Hirse, Reis – besonders fein schmeckt und duftet Basmatireis, Getreidereis (eine Spezialität aus dem Waldviertel), Mehl (in Form von Palatschinken oder Nockerln), Nudeln – in allen Varianten.

Nockerln/Spätzle

300 g Mehl (oder 270 g Dinkelvollkornmehl), 3 Eier, 125 ml Milch, Salz, Butter zum Schwenken.
Alle Zutaten rasch mit dem Kochlöffel zu einem Teig verrühren. In reichlich Salzwasser mit Nockerlschlitten, Spätzlehobel, „Flotter Lotte" (grobem Einsatz) oder von einem nassen Brett mit der Teigkarte einkochen. Garzeit: rund 3 Minuten. Fertige Nockerln abseihen und kurz in Butter schwenken.

Hülsenfrüchte

Da gibt es zwei Favoriten für die schnelle Küche: rote Linsen und Kichererbsen, letztere aus der Dose.

Rote Linsen

200 g rote Linsen, 400 ml Wasser/Gemüsesuppe, Gewürze (Nelken, Lorbeer, Gelbwurz…) Salz.
Linsen in Wasser/Suppe mit den Gewürzen zum Kochen bringen. Nach 5 Minuten sind die Linsen fertig.

Kichererbsen

1 Dose Kichererbsen, Salz, 1 EL Essig, 2 EL Olivenöl, 250 g Kirschtomaten, Basilikum.
Kichererbsen in ein Sieb schütten, abbrausen, abtropfen lassen, mit Salz und Essig vermischen. Öl dazurühren. Das geht gut schon am Vorabend, dann kann der Salat noch durchziehen. Kurz vor dem Essen die Kirschtomaten halbieren, Basilikum hacken und untermischen.

Fisch

Fisch eignet sich besonders gut für die schnelle Küche, in erster Linie natürlich als Filet. Es gibt unzählige Zubereitungsarten und alle gehen schnell: Braten, Dämpfen, Im-Sud-Garen, Dünsten, im Backrohr z. B. auf einem Gemüsebett oder in der Folie.

Fleisch

Schnitzel, Filet oder Steak von Jungrind, Schwein oder Lamm eignen sich für das kurze Braten in der Pfanne. Gut ist auch Hühnerbrust. Am allerbesten ist Fleisch, das vorher in einer würzigen Marinade gelegen ist. Wichtig ist, das Fleisch nur kurz zu braten und ein paar Minuten warm gestellt (Teller +

Deckel drauf) ruhen zu lassen. So wird es schön weich und bleibt saftig.

Geschnetzeltes richtig zubereitet

600g Hühnerbrust, 2 fein gehackte Knoblauchzehen, 3 El Olivenöl, ein paar Tropfen Balsamessig. Fleisch in dünne Streifen schneiden, die restlichen Zutaten zu einer Marinade vermischen und gut mit dem Fleisch verrühren. Eine halbe Stunde oder auch über Nacht kalt stellen. Dann mit der Marinade (ersetzt das Öl) in zwei Portionen bei großer Hitze anbraten, aus der Pfanne nehmen. Bratensatz mit Suppe oder Wasser aufgießen, kurz einkochen, abschmecken, eventuell mit etwas kalter Butter binden. Das Fleisch dann nochmals kurz in der Sauce erhitzen. Nicht mehr kochen, sonst wird es hart.

Gemüse und Obst

Es gibt kein Gemüse, das nicht in wenigen Minuten gar ist, sogar Rote Rüben. Vorausgesetzt, das Gemüse ist in kleine Würfel geschnitten, fein geraspelt oder in dünne Späne gehobelt. Das lässt sich auch am Abend oder in der Früh vorbereiten. Geschnittenes Gemüse einfach auf einem Teller mit Haushaltsfolie abgedeckt im Kühlschrank aufbewahren. Nur bei Kartoffeln geht das nicht.

Alles, was man roh essen kann – und man kann vieles roh essen – ist für die schnelle Küche ein Segen. Auch Kinder, die gekochtes Gemüse verabscheuen, essen rohe Gemüsesticks mit Jogurt-Kräuter-Dip, vorbereitetes Obst oder Obstsalat.

Salate

Aus einem einfachen Blattsalat – am besten eine Mischung verschiedener Sorten – lässt sich mit ein paar feinen Zutaten schnell etwas zaubern: ein paar Streifen Hühnerbrust, Tomaten und Schafkäse, Rohschinken, Pfirsichspalten und Parmesanspäne und eine feine Marinade – schon ist eine leichte Mahlzeit fertig. Ganz wichtig: Blattsalate nach dem Waschen gut trockenschleudern. Die Marinade haftet sonst nicht.

Eier

Seit sich die Cholesterinhysterie wieder gelegt hat und Eier in dieser Hinsicht rehabilitiert sind, stehen auch Spiegelei, Eierspeise und Omelett wieder hoch im Kurs der schnellen Küche. Mit ein paar Zutaten wie Kräutern, Pilzen, Schinken, Zucchini, Käse etc. wird aus einem Omelett eine feine, kleine Mahlzeit. Salat und Baguette dazu, fertig!

Brot

Brot ist kalt und warm gut für die schnelle Küche geeignet: als einfaches Butterbrot, als köstlich belegtes Sandwich, als Bruschetta oder als Pizza.

Bruschetta

Scheiben von einem hellen Sauerteigbrot halbieren und toasten oder im Backrohr rösten. Die heißen Brotscheiben mit einer angeschnittenen Knoblauchzehe einreiben, mit bestem Olivenöl beträufeln und mit vollreifen Tomatenstücken belegen.

Unsere besonderen Lieblingszutaten

Es gibt Produkte, die aus einem Essen ein besonderes machen, weil sie Geschmackskomponenten hinzufügen, die für einen gewissen Kick sorgen. Diese haben wir immer im Haus, vielleicht ist für Sie etwas dabei?

Zitrusfrüchte

Zitronen, Limetten und Orangen – ohne die geht in unserer Küche gar nichts. Wir kaufen immer biologische, weil wir vor allem die Schale verwenden. Die können Sie entweder mit einer scharfen Reibe vorsichtig abreiben (die weiße Haut darunter darf nicht mit, denn die ist bitter) oder mit einem Sparschäler abheben und fein hacken. Risotto, Tomaten- und Fleischsaucen, Salatmarinaden, Kuchen und Kompott erhalten so einen frischen und unvergleichlichen Geschmack.

Ingwer

Am besten schmeckt frischer Ingwer. Man muss ihn schälen und dann reiben oder hacken. Wer nur z.B. eine Hühnersuppe damit aromatisieren will, kann ihn in Scheiben dazugeben und dann wieder entfernen.

Kokosmilch

Mit ihrer milchig leichten Süße bringt Kokosmilch etwas Exotik in den Alltag von Suppen, Ragout und Desserts. Sie mildert zum Beispiel die Schärfe von Ingwer und Chili. Kokosmilch wird aus geraspeltem frischem Kokosnussfleisch gepresst. Man bekommt sie in Dosen und im Tetrapak in vielen Supermärkten. Reste lassen sich gut einfrieren.

Sesam

Sesam enthält reichlich Kalzium, das stärkt die Knochen. In einer Pfanne ohne Fett leicht angeröstet schmeckt er besonders delikat. Wir streuen ihn gern über schnelle Pfannengerichte oder mischen ihn beim Panieren unter die Semmelbrösel. Auch für Desserts eignet er sich gut.

Sardellen

Die kleinen heringsartigen Fische gibt es sowohl eingesalzen als auch in Öl eingelegt. Sie halten sehr lange und geben vielen Gerichten eine besonders würzige Geschmackskomponente. Sie passen gut zu Thunfisch, Tomaten und Paprika.

Kapern

Die noch geschlossenen Blüten des Kapernstrauches werden in Salz, Öl oder Essig eingelegt. Bis auf Gerichte, wo Säure erwünscht ist, verwendet man die eingesalzenen. Sie werden vorher kurz gewässert und erst am Ende der Garzeit hinzugefügt, weil ihr Aroma sich sonst verflüchtigt. Sardellen, Zitrone und Petersilie sind eine ideale Ergänzung dazu.

Balsamessig

In unseren Küchen gibt es immer mindestens zwei Sorten Balsamessig: einen alten echten Aceto Bal-

samico Tradizionale, der sündteuer ist, aber auch nur tropfenweise zum Einsatz kommt, z. B. auf Rucola mit Parmesan, auf Erdbeeren oder gutem Vanilleeis. Als Zweites gibt es einen günstigen Alltagsbalsamessig. Ein Qualitätskriterium dafür: Bei den Zutaten muss an erster Stelle Traubenmost oder Traubenmostkonzentrat stehen.

Gutes Öl

Öl gehört natürlich zur Basisausstattung jeder Küche. Wir lieben Olivenöl, weil es uns einfach gut schmeckt. Allerdings wird mit dem Begriff „Extra vergine" sehr viel Schindluder getrieben und es ist für Laien nicht einfach, das zu durchschauen. Ein Kriterium ist sicher der Preis, denn ein wirklich gutes Öl ist nicht für ein paar Euro pro Liter zu haben. Es gibt aber noch viele andere hochwertige Öle – vom Hanföl bis zum Haselnussöl – mit denen wir gerne experimentieren. Und Sie sollten es uns gleichtun: Probieren Sie nach Herzenslust.

Kräuter

Frische Kräuter werden immer erst fein geschnitten am Schluss des Garprozesses dazugegeben. Trockene Kräuter entfalten ihr Aroma besser, wenn sie mitgekocht werden. Dickblättrige Kräuter wie Rosmarin, Thymian oder Salbei rösten wir gerne in Olivenöl an, sie entfalten so ein unbeschreibliches Aroma.

Schnell mit gutem Werkzeug

Wer gut und schnell kochen will, braucht gutes Werkzeug – keine Frage!

- Scharfe Messer – denn wir wollen ja schneiden und nicht quetschen.
- Eine gute Pfanne mit schwerem Boden – so werden die Speisen schnell und gleichmäßig gar.
- Das gilt natürlich auch für Töpfe. Praktisch finden wir einen großen, aber nicht zu hohen Schmortopf. Groß – weil wir so eine größere Menge auf einmal anbraten können. Und zu hoch sollte er auch nicht sein – weil die Speisen so schneller gar werden.
- Eine wirklich scharfe Reibe. Da gibt es mittlerweile extrem scharfe, die zwar teuer, aber ihr Geld wert sind. Wer je damit Zitronenschalen oder Ingwer gerieben hat, wird nie mehr eine andere wollen.
- Einen Sparschäler – kostet fast nix und verhilft z. B. zu Parmesan- oder Schokoladenspänen. Auch Gemüse (Karotten, Zucchini) lässt sich damit in dünne Streifen hobeln.
- Einen Pürierstab – unverzichtbar für Gemüse- und Obstpürees, zum Aufmixen von Saucen und vielem mehr.

Gebrauchsanweisung

Die Mengen sind für vier Personen berechnet, aber da nicht alle Menschen gleich viel essen, empfehlen wir Ihnen, die Rezepte auf Ihre speziellen Bedürfnisse abzustimmen. Wir verstehen sie als Anregung: Natürlich können Sie sich genau daran halten, aber es gibt praktisch immer Variationsmöglichkeiten. Die Rezepte haben wir nach Jahreszeiten geordnet, weil wir auch in der Küche und auf dem Teller gerne merken, ob draußen Februar oder Juni ist. Für Frühling, Sommer, Herbst und Winter gibt es jeweils kalte Vorspeisen und Salate, Suppen, Hauptgerichte und Desserts. Ihre Zubereitung dauert nicht länger als ca. 30 Minuten. Ausnahme: Jeweils ein „Sonntagsgericht" pro Jahreszeit, das schnell vorbereitet ist und dann gemächlich im Ofen vor sich hin schmort. Bei guter Ablaufplanung lassen sich in 30 Minuten sogar zwei Gänge zaubern. Auch dafür gibt es im Buch pro Jahreszeit eine Anleitung Schritt für Schritt. Viele Rezepte haben wir mit praktischen Tipps ergänzt: Variationsmöglichkeiten, Zeitspartipps, Warenkunde, persönlichen Anmerkungen und Ähnlichem mehr.

Die Rezepte haben wir so geschrieben, dass alles, was notwendig ist, darin aufgeführt ist. Die Entscheidung, ob Sie Ihr Gemüse waschen, überlassen wir gerne Ihnen. Wir persönlich können Rezepte nicht leiden, die bei jeder Zutat einzeln anführen, dass man sie abbrausen und danach trockentupfen soll. Pfeffer oder andere trockene Gewürze (Koriandersamen etc.) kommen bei uns frisch gerieben aus der Mühle oder aus dem Mörser.

Rezepte für den Frühling

Salatherzen mit Senfdressing

Zitronennudeln

Menü mit zwei Gängen – Schritt für Schritt

Vorspeise

Hauptgericht

2 Eier, hart gekocht
2 Kopfsalate
Senf
Salz
Balsamessig
Olivenöl
1 Körbchen Kresse zum Garnieren
150 g gekochter Schinken
(aufgeschnitten)
1 Schalotte
etwas Olivenöl
1 Becher Crème fraîche
150 g junge Erbsen (TK)
1 Bio-Zitrone
ca. 400–500 g Nudeln
(z. B. Spiralen)

1. Eier hacken.
2. Nudelwasser aufstellen.
3. Die äußeren Salatblätter entfernen, Salatherzen halbieren, Strunk wegschneiden und auf je einen Teller legen.
4. Aus Senf, Salz, Balsamessig und Olivenöl mit dem Schneebesen ein Dressing rühren.
5. Schinken in Streifen, Schalotte in feine Würfel schneiden. Schalotte in wenig Olivenöl anschwitzen, Crème fraîche und ein kleines Glas Wasser (oder Suppe) dazugeben, durchrühren und etwas einkochen lassen.
6. Jetzt kommen Schinken und Erbsen in die Sauce. Es dauert ca. 3–5 Minuten, bis die Erbsen weich sind.
7. Schale der Zitrone abreiben. Die Sauce mit der abgeriebenen Zitronenschale und Salz und Pfeffer nach Geschmack würzen.
8. Salat mit Dressing und dem gehackten Ei anrichten. Kresse mit der Schere abschneiden und drüberstreuen.
9. Jetzt noch die Nudeln ins Wasser geben – die kochen, während Sie schon die Vorspeise essen können.
10. Nudeln abgießen, mit der Sauce auf vorgewärmten Tellern anrichten.

Grüner Spargel mit Balsamessig

grüner Spargel
(ca. 1 kg, eher dünne Stangen)
Olivenöl
Salz
alter Balsamessig
Parmesa zum Garnieren

Grüner Spargel eignet sich wunderbar für die schnelle Küche, denn er muss nicht geschält werden. Gebraten ist er viel aromatischer als gekocht: Leicht karamellisiert und knusprig schmeckt er einfach köstlich. Dünne Spargelstangen sind schneller durch!

Spargelenden abschneiden. In einer großen beschichteten Pfanne Olivenöl erhitzen, Spargel braten, bis er noch bissfest, aber schon ein bisschen gebräunt ist. Das dauert nur wenige Minuten. Salzen, in eine flache Schüssel füllen, mit Balsamessig beträufeln und mit gehobelten Parmesanspänen (geht gut mit dem Sparschäler) anrichten.

Küchentipp
Eine größere Menge lässt sich auch gut im Backrohr zubereiten: Backblech mit Olivenöl einstreichen, Spargel schön nebeneinander auflegen, salzen und mit wenig Olivenöl bepinseln. Bei 200°C ist er – je nach Dicke – in wenigen Minuten fertig.

Frühlingssalat mit Ziegenkäse

200 g junges Grün
(zarte Spinatblätter, Vogerlsalat,
Bärlauchblätter...)
1 Schalotte
1 Estragonzweig
Weißweinessig
Olivenöl
Salz
Pfeffer
Cayennepfeffer
2 EL Walnüsse zum Bestreuen
100 g Ziegenkäse

Wenn die ersten Sonnenstrahlen locken, muss bei uns dieser Salat auf den Tisch. Denn nichts kann den Organismus nach dem langen vitamin- und lichtarmen Winter besser ankurbeln als das erste zarte Grün. Auch frischer Ziegenkäse hat ab März, wenn die Tiere die ersten Gräser auf der Weide knabbern, wieder das volle Aroma zu bieten.

Salat waschen. Schalotte und Estragon fein hacken. Aus Essig, Salz, Pfeffer, Cayennepfeffer, Olivenöl, Estragon und Schalottenwürfeln mit dem Schneebesen eine Salatsauce rühren. Walnusskerne in einer Pfanne leicht rösten. Kurz vor dem Servieren das Dressing über den Salat gießen, mit Ziegenkäsewürfeln bzw. -bällchen und Nüssen bestreuen.

Küchentipp
Für pure Frühlingslust beim Spazieren in der Sonne ein paar Blüten von Gänseblümchen oder Veilchen pflücken und den Salat damit dekorieren.

Avocado mit Zitrone

2 reife Avocados
Saft einer Zitrone
Salz
Baguette

Avocados gehören zur Familie der Beerenfrüchte, sie haben einen mild-nussigen Geschmack. Wir mögen sie am liebsten roh als Brotaufstrich, als Dip und gemeinsam mit Tomaten als Salat.

Avocados halbieren, Kern entfernen, mit einem Löffel aus der Schale holen, sofort mit Zitronensaft beträufeln (Avocados verfärben sich schnell) und salzen. Mit dem Kartoffelstampfer zu grobem Püree zerdrücken. Gut durchmischen und mit frischem Baguette servieren.

Küchentipp
Avocados enthalten zwar viel, aber sehr gesundes Fett und überhaupt kein Cholesterin. Die Früchte sind meist hart, wenn man sie kauft, reifen aber bei Zimmertemperatur nach. Das kann allerdings einige Tage dauern.

Vorspeisen und Salate

Rucola mit Datteln

100 g Rucola
6 getrocknete Datteln
Walnussöl
Zitronen- oder Orangensaft
Salz
Pfeffer
80 g Parmesan zum Garnieren

Rucola ist ein Modegemüse – und das meinen wir gar nicht abwertend. Aber es ist nun mal so, dass sich dieses Grünzeug erst in den letzten Jahren in unsere Küche geschlichen und dort (fast) alle Herzen gewonnen hat. Nur die Allerjüngste bei Tisch verweigert beharrlich Rucola, mit den Datteln in diesem Salat ist sie jedoch sehr zufrieden.

Die Rucolablätter auf einem tiefen Teller anrichten. Die Datteln entkernen, in dünne Streifen schneiden und drüberstreuen. Aus Walnussöl, Zitronen- oder Orangensaft, Salz und Pfeffer mit dem Schneebesen eine Marinade rühren und mit einem Löffel über den Salat träufeln. Zuletzt Parmesan darüberhobeln.

Küchentipp
Die Salatsauce ist für den Geschmack der Salate entscheidend. Die Säure kommt bei uns meist vom Zitronensaft oder Balsamessig. Bei den Ölen bevorzugen wir kaltgepresste Öle aus biologischem Anbau. Neben unserem geliebten Olivenöl verwenden wir je nach Salat auch immer wieder Nussöle, Sonnenblumen- und natürlich Kürbiskernöl. Und dann kommen auf jeden Fall Salz und – je nach Geschmack – auch frisch gemahlener Pfeffer, Senf, Honig, Kräuter oder Knoblauch dazu.

Klare Suppe mit Frühlingsgemüse

1–2 Kartoffeln
2 Frühlingszwiebeln
300 g gemischtes Gemüse
(z. B. Karotten, Kohlrabi, Sellerie,
Petersilwurzel, Zuckererbsen)
2–3 EL Olivenöl
750 ml Wasser
8 Pfefferkörner
Muskatnuss oder -blüte
Ingwer
Kreuzkümmel
Zitronengras
Salz

Eine klare Gemüsesuppe kommt bei uns oft und zu allen Jahreszeiten auf den Tisch. Daher gibt es auch kein fixes Rezept. In die Suppe kommt, was der Kühlschrank oder der Garten gerade zu bieten haben. Hier stellen wir eine unserer unzähligen Frühlingsvarianten vor:

Kartoffeln und Zwiebeln schälen. Gemüse vorbereiten, alles klein schneiden und in Olivenöl anbraten. Mit Wasser aufgießen, würzen und rund 15–20 Minuten leicht kochen. Zuckererbsen erst 5 Minuten vor Garende dazugeben. Ingwer schälen und in Scheiben schneiden. Ingwerscheiben und Zitronengras vor dem Servieren entfernen.

Küchentipp
Eine bei Kindern beliebte Variante: einfach die Kartoffeln weglassen und dafür kleine Nudeln (Sternchen, Buchstaben, Muscheln) einkochen.

Suppe aus Frühlingszwiebeln

1–2 Bd. Frühlingszwiebeln
2–3 kleine mehlige Kartoffeln
etwas Olivenöl
1 Schuss Weißwein
Salz
Pfeffer
Schlagobers oder
Crème fraîche nach Belieben
etwa 750 ml Wasser oder Suppe

Frühlingszwiebeln sind etwas ganz Feines und in der Küche sehr vielseitig zu verwenden. Allerdings werden meist nur die weißen Teile benötigt, die grünen bleiben übrig. Zum Wegwerfen sind sie viel zu schade, wir machen lieber eine frühlingsfrische Suppe daraus.

Das Grün der Frühlingszwiebeln (natürlich darf es auch die ganze Zwiebel sein) in Streifen schneiden. Kartoffeln schälen und in kleine Würfel schneiden. Beides in etwas Olivenöl anschwitzen. Mit Weißwein ablöschen und kurz einkochen lassen. Mit Wasser oder Suppe (vgl. S. 27) aufgießen und kochen, bis die Kartoffeln weich sind. Salzen und pfeffern nach Geschmack, Obers oder Crème fraîche dazu (auch beides geht gut), kurz pürieren und abschmecken.

Küchentipp
Dazu passen Croûtons aus Brotwürfeln: In einer beschichteten Pfanne etwas Butter aufschäumen, würfelig geschnittenes Weißbrot vom Vortag knusprig rösten. Oder, wenn es etwas deftiger sein soll: Schinkenspeck in Streifen schneiden, in der Pfanne langsam knusprig braten. Auf Küchenpapier entfetten und in der Suppe servieren.

Grüne Cremesuppe mit gebratenem Fisch

70 g Rucola
2 Schalotten
30 g Butter
200 g Spinat (TK)
500 ml Gemüse- oder Hühnersuppe
150 ml Milch
Salz
weißer Pfeffer
300 g Fischfilet
(z. B. Forelle, Saibling, Barsch, Zander, Wels...)
Saft einer Zitrone
Salz
Olivenöl

Rucola waschen und grob schneiden. Schalotten fein schneiden und in Butter anschwitzen. Spinat und Rucola dazugeben und 3 Minuten dünsten. Mit Suppe und Milch aufgießen, aufkochen und 4 Minuten köcheln lassen. Mit dem Stabmixer pürieren und mit Salz und weißem Pfeffer abschmecken. Das Fischfilet in 4 Stücke teilen, mit Zitronensaft und Salz würzen und dann in wenig Olivenöl von beiden Seiten kurz anbraten (1–2 Minuten). Zuletzt die heiße Suppe mit dem Stabmixer schaumig aufschlagen, portionieren und mit dem gebratenen Fisch als Einlage servieren.

Küchentipp
Für eine kräftige Gemüsesuppe Zwiebel mit Schale halbieren, in einem großen trockenen Topf mit den Schnittflächen nach unten anbräunen. Etwa 1 l Wasser aufgießen. Dann geputztes Gemüse – z. B. eine halbe Stange Lauch, 3–4 Karotten, eine Petersilwurzel, ein Viertel Sellerieknolle, eine Knoblauchzehe und einen Bund Petersilie, ein Lorbeerblatt, einige Pfefferkörner und Salz – dazugeben. Nach rund 45 Minuten sanften Köchelns ist die Suppe fertig und kann gekühlt im Kühlschrank zwei Tage aufbewahrt werden. Für eine aromatische Hühnersuppe kochen wir einfach Hühnerfleisch (z. B. zwei Flügerln und eine Hühnerkeule) mit. Diese Suppenbasis brauchen wir zum Aufgießen von Gemüsesuppen oder Risotto. Die Zubereitung geht schnell, nur muss während des Köchelns jemand den Topf „beaufsichtigen". Das geht z. B. am Abend neben der Hausarbeit, beim Lesen, Musikhören oder neben dem „Mensch-ärgere-dich-nicht-Spielen".

Knusprige Frittata verde mit Kräutern

500 g Kräuter und grünes Gemüse (Spinat, Mangold, Kerbel, Petersilie, Schnittlauch, Basilikum, Estragon, Borretsch, Rucola, Brennnesseln…)
2 Knoblauchzehen
2 altbackene Semmeln
etwas Milch
6 Eier
Salz
Pfeffer
3 EL geriebener Parmesan
5 EL Olivenöl

Eierspeisen bzw. Omelettes sind nicht nur der Inbegriff der schnellen Küche, sie schmecken uns auch richtig gut. Eine italienische Variante davon haben wir daher für dieses Kochbuch ausgewählt. Übrigens: In dieser Form lieben unsere Kinder Grünes besonders…

Kräuter und Gemüse grob, Knoblauch fein hacken. Semmeln in Scheiben schneiden und in etwas Milch einweichen. Eier, Knoblauch, Salz und Pfeffer mit dem Schneebesen gut verrühren, ausgedrücktes Brot und Parmesan dazumischen. In einer großen Pfanne das Öl erhitzen, die gehackten Kräuter und das Gemüse kurz andünsten. Die Eier-Brot-Mischung drübergießen. Die Pfanne rütteln, damit sich alles gut verteilt. Bei mittlerer Hitze zunächst eine Seite stocken lassen und dann knusprig braun braten. Wenden und auch die zweite Seite bei schwacher Hitze fertig braten. Die Frittata schmeckt am besten, wenn Sie außen schön knusprig, innen aber noch feucht ist.

Küchentipp
Sie können die Semmeln auch durch zwei gekochte, in Scheiben geschnittene Kartoffeln ersetzen. Frittata schmeckt auch kalt sehr gut.

Hirseblinis mit Frühlingsgemüse

1 Schalotte
1 Knoblauchzehe
Ingwer
1 EL Olivenöl
150 g Hirse
Salz
Pfeffer
Lorbeerblatt
1/2 Bd. Petersilie
1 Ei
Öl zum Braten
700 g gemischtes Frühlingsgemüse
(z. B. Karotten, Frühlingszwiebeln, Sprossen, Zuckerschoten, Kohlrabi...)
3 EL Olivenöl
1 kleine Chilischote
1 Knoblauchzehe

Schalotte, Knoblauch und Ingwer hacken, in Öl anschwitzen. Hirse im Sieb kalt und warm abspülen und dazugeben. Mit der doppelten Wassermenge (200 ml) aufgießen, würzen und 8 Minuten köcheln lassen. Ausschalten und weitere 10 Minuten nachquellen lassen Petersilie fein hacken und mit dem Ei unter die Hirsemasse mischen. Mit Salz und Pfeffer abschmecken, kleine, flache Laibchen formen und in Öl von beiden Seiten goldgelb backen. Auf Küchenpapier abtropfen lassen.

Während die Hirse quillt, das Gemüse zum Sautieren vorbereiten – also waschen, putzen und schneiden. In einer Pfanne oder im Wok Öl erhitzen, gehackten Chili, Knoblauch und Ingwer anbraten. Das Gemüse nacheinander dazugeben und mitbraten. Ein paar EL Wasser dazugeben und zugedeckt etwa 5–6 Minuten fertig dünsten.

Küchentipp
Die Hirse können Sie ohne Weiteres schon am Vorabend zubereiten und im Kühlschrank bis zur Verwendung aufbewahren.

Hauptspeisen

Fisch auf Blattspinat mit Zitronenbutter

125 g Butter
Saft und Schale einer Bio-Zitrone
450 g Blattspinat (TK)
(oder die doppelte Menge
bei frischem Spinat)
600–800 g Fischfilet mit Haut
(z. B. Zander, Forelle oder Lachs)
Salz
etwas Olivenöl

Wenn es am Markt frischen Spinat gibt und wir genug Zeit haben, bleibt der Tiefkühlschrank zu. Man kann die Blätter am Abend waschen, putzen, trockenschleudern und in einem Plastikbeutel im Kühlschrank bis zum nächsten Tag aufbewahren.

Weiche Butter schaumig rühren, mit Salz und Zitronenschale würzen. Kühl stellen. Blattspinat nach Packungsanweisung zubereiten. Je nach Lust und Laune mit gehacktem Knoblauch, einem Löffel von der Zitronenbutter und ein paar Spritzern Zitronensaft würzen. Fischfilets auf der Hautseite ein paar Mal quer einschneiden. Salzen und in einer beschichteten Pfanne in Olivenöl auf der Hautseite knusprig braten. Fischfilets wenden und nur mehr kurz braten, damit sie nicht trocken werden. Fischfilets auf dem Blattspinat mit etwas Zitronenbutter anrichten. Dazu passen Weißbrot oder Salzkartoffeln.

Küchentipp
Die Butter bereiten Sie am besten schon am Vorabend vor. Sie hält sich einige Tage im Kühlschrank und kann auch eingefroren werden.

Huhn mit Reis und Karottensalat

1 Orange
4 EL Sojasauce
1 TL Honig
600 g Hühnerbrust ohne Haut
2 Becher Basmatireis
1 Hand voll Mandelblättchen
etwas Butter
500 g Karotten
1 EL Orangensaft
1 EL Zitronensaft
Salz
1 Tupfer Senf
3–4 EL Olivenöl und
etwas Olivenöl zum Braten

Die würzige Marinade bringt ordentlich Geschmack in das zarte Hühnerfleisch. Mit Marinaden zu experimentieren, macht überhaupt Spaß und sie bringen Aroma ins kurz gebratene Fleisch, das sonst nur beim langsamen Schmoren entsteht.

Orange auspressen, mit Sojasauce und Honig verrühren. Hühnerbrust in Streifen schneiden, mit der Marinade vermischen. Reis wie gewohnt zubereiten. Mandelblättchen in wenig Butter anschwitzen, unter den fertigen Reis mischen. Orangen- und Zitronensaft mit Salz, einem Tupfer Senf und Olivenöl mit dem Schneebesen zu einer Marinade verrühren. Karotten nach Belieben grob oder fein raspeln und mit der Marinade vermischen. Marinierte Hühnerbrust in einer beschichteten Pfanne in wenig Olivenöl bei starker Hitze kurz braten (evtl. in 2 Portionen). Vom Herd nehmen und etwas nachziehen lassen.

Küchentipp
Wenn wir es besonders eilig haben, richten wir das Hühnerfleisch und die Marinade schon am Abend davor her und stellen es in den Kühlschrank – allerdings getrennt. Der Sojageschmack wäre sonst zu intensiv.

Karottencurry mit Bananen

700 g Karotten
20 g Butter
1 EL Curry
400 ml Suppe (oder Wasser)
2–3 EL Preiselbeerkompott
Salz
Saft und Schale einer Bio-Zitrone
100 ml Schlagobers
oder Kokosmilch
2 Bananen
20 g Butter

So viel Farbe und Geschmack am Teller lässt selbst einen grauen Tag sonnig erscheinen!

Karotten schälen, in grobe Scheiben schneiden und in Butter andünsten. Jetzt Curry, Wasser oder Suppe (vgl. S. 27) und Preiselbeeren dazugeben, 5–8 Minuten köcheln. Mit Salz, Zitronensaft und -schale und Obers bzw. Kokosmilch abschmecken. Bananen halbieren, kurz in Butter anbraten. Bananen auf dem Karottencurry anrichten. Dazu Reis servieren. Wir verwenden für dieses Rezept statt Schlagobers auch sehr gerne Kokosmilch und genauso passt Ingwer gut dazu.

Küchentipp
Natürlich können Sie für dieses Rezept auch andere Gemüsesorten verwenden. Karotten gibt es bei uns immer auf Vorrat. Daher finden Sie dieses Gemüse auch in vielen unseren Rezepten. Wir verwenden gerne gut gelagerte Bio-Karotten. Sie schmecken einfach aromatischer und sind schön saftig. Auch gebratene Fleischwürfel (Huhn, Lamm, Jungrind) machen sich im Curry gut.

Crumble mit Rhabarber und Äpfeln

400 g Rhabarber
1–2 Äpfel
2–3 EL Honig

Crumble (Streusel)
150 g Vollkornmehl
90 g weiche Butter
70 g Rohrzucker
1/2 TL geriebener Ingwer

Das Backrohr auf 210 °C vorheizen. Für das Crumble Mehl, Butter, Zucker und Ingwer rasch verkneten und zu Streusel zerkrümeln. Die Rhabarberstangen schälen und in 1–2 cm lange Stücke schneiden. Die Äpfel entkernen und ebenfalls in grobe Würfel schneiden. Alle Früchte in einer Auflaufform verteilen und mit Honig beträufeln. Dann den Streusel darüberbröseln und im Backrohr ca. 20 Minuten backen. Lauwarm mit Vanilleeis servieren.

Küchentipp
Crumble schmeckt mit allen Früchten! Genial ist auch die rote Sommermischung mit Äpfeln, Himbeeren und Ribiseln. Statt Eis schmeckt auch geschlagenes Obers oder Sauerrahm mit Vanille dazu.

Gegrillte Erdbeeren mit Zitroneneis

400 g Erdbeeren
30 g Zucker
20 g Butter
Minzeblätter
Zitroneneis

Frische Erdbeeren zur richtigen Jahreszeit (und das ist in unseren Breitengraden selten vor Juni!) sind in jeder Form ein Genuss. Besonders fein finden wir gegrillte Erdbeeren – am besten mit erfrischendem Zitroneneis.

4–5 schön reife Erdbeeren zerdrücken, mit Zucker verrühren, sanft erwärmen und dann passieren. Inzwischen eine Pfanne mit geripptem Boden oder einen mit Alufolie ausgelegten Plattengriller sehr heiß werden lassen, mit Butter bestreichen und die restlichen Erdbeeren darin beidseitig je 2 Minuten grillen. Die gegrillten Erdbeeren noch heiß auf Desserttellern mit Erdbeersauce, Zitroneneis und den Minzeblättchen anrichten.

Küchentipp
Wenn es noch schneller gehen muss: Frische Erdbeeren halbieren, auf einem Teller anrichten und mit Balsamessig beträufeln.

Schmarren mit Beeren

5 Eier
1 Prise Salz
200 ml Buttermilch
2 EL Honig
Schale einer Bio-Zitrone
120 g Mehl
30 g Butter
250 g Beeren (TK)
1 EL Honig
Staubzucker zum Bestreuen

Locker wie ein Kaiserschmarren mit der zarten Säure von Buttermilch. Mit süßen Beeren ein Gedicht! Und dabei ist der Schmarren so einfach und schnell gemacht.

Die Eier trennen. Backrohr auf 200 °C vorheizen. Eiklar mit einer Prise Salz zu einem sehr festen Eischnee schlagen. In einer zweiten Rührschüssel Buttermilch, Eidotter, Honig, Zitronenschale und Mehl zu einem Teig verrühren. Zuletzt den steifen Eischnee unterheben. In einer großen Pfanne mit hitzebeständigem Griff Butter erhitzen und den Teig vorsichtig hineingießen, kurz anbacken und im heißen Backrohr 5 Minuten weiterbacken. Schmarren wenden und weitere 5 Minuten fertig backen. Inzwischen die Beeren in einer heißen Pfanne kurz schwenken, bis sie aufgetaut sind, und mit Honig süßen. Den fertigen Schmarren mit 2 Gabeln in Stücke reißen, mit Staubzucker bestreuen und auf den Beeren servieren.

Küchentipp
Der Schmarren kann ganz auf der Herdplatte gebacken werden. Dafür den Schmarren in der Pfanne bei mittlerer Hitze 4 Minuten anbacken, dann vorsichtig wenden und fertig backen. Lockerer bleibt er allerdings im Backrohr.

Forelle mit Kräutern aus dem Backrohr

1 Forelle pro Person
Salz
Butter
frische Kräuter
(Petersilie, Thymian, Rosmarin…)
nach Geschmack Olivenöl
Saft einer Zitrone nach Belieben

Ein ideales Rezept, wenn wir den Sonntag nicht in der Küche verbringen wollen. Obwohl wir auch das manchmal gerne tun – aber eben nicht immer. Man kann schließlich auch woanders glücklich sein.

Eine flache Auflaufform mit Olivenöl bestreichen. Forellen kurz abspülen, mit Küchenpapier abtrocknen. Forellen innen und außen gut salzen, den Bauch mit einem kleinen Stück Butter und einem Kräuterbüschel im Ganzen füllen. Forellen in die Form legen, mit Olivenöl beträufeln. Auch noch mehr Butter schadet nicht. Form mit Deckel oder Alufolie verschließen und im vorgeheizten Backrohr bei 200 °C garen. Das dauert je nach Größe der Fische ca. 30 Minuten. Wenn Sie mit Butter und Olivenöl großzügig waren, bildet sich ein wunderbarer Saft, den Sie mit ein paar Spritzern Zitronensaft noch geschmacklich abrunden können.

Küchentipp
Mit Weißbrot oder Salzkartoffeln zum Auftunken der köstlichen Sauce und einer großen Schüssel mit grünem Salat schmecken uns die Forellen am besten.

Rezepte für den Sommer

Crostini mit Tatar

Steak vom Jungrind mit Zucchininudeln

Menü mit zwei Gängen – Schritt für Schritt

Vorspeise

Hauptgericht

Crostini
1/2 Baguette
Olivenöl
2 aromatische Tomaten
je 1/2 gelbe und rote Paprika
150 g Schafkäse
Basilikum
Pfeffer, evtl. Salz
Basilikumblätter zum Garnieren

Steak
8 kleine Filetsteaks vom Jungrind
Saft einer Zitrone
Pfeffer
150 g entkernte schwarze Oliven
Olivenöl
Salz

Zucchininudeln
2 Zucchini
20 g Butter
Pfeffer
Salz
Chili

1. Baguette in Scheiben schneiden, auf ein Backblech legen und mit Olivenöl beträufeln.
2. Tomaten und Paprika in feine Würfel schneiden. Käse grob mit der Gabel zerdrücken und mit den Gemüsewürfeln mischen. Mit gehacktem Basilikum, Pfeffer und nach Bedarf mit Salz abschmecken.
3. Das Backrohr auf 180 °C vorheizen.
4. Zucchini mit dem Sparschäler der Länge nach in dünne „Nudeln" (Scheiben) schneiden.
5. Steaks mit Zitronensaft und Pfeffer würzen. Oliven vierteln.
6. Crostini im Backrohr bei 180 °C knusprig backen.
7. Topf mit Wasser für die Zucchininudeln aufstellen.
8. Tatar auf die Crostini geben, mit Basilikumblättern garnieren und servieren.
9. Hauptspeiseteller zum Vorwärmen ins noch warme Backrohr geben.
10. Nach der Vorspeise das Hauptgericht fertig stellen: In einer Pfanne Olivenöl erhitzen. Die Steaks salzen und pro Seite 2–3 Minuten braten. Oliven kurz mitbraten. Fleisch warm stellen.
11. Inzwischen die Zucchininudeln 3–4 Minuten blanchieren, abseihen und in Butter schwenken. Mit Salz, Pfeffer und Chili nach Geschmack würzen und mit dem Fleisch auf den vorgewärmten Tellern anrichten.

Lauwarmes, mariniertes Gemüse

2 Tomaten
3 Karotten
1 Fenchelknolle
1 kl. Zucchini
4–6 EL Olivenöl
4 Knoblauchzehen
250 ml Gemüsesuppe oder Wasser
Saft einer halben Zitrone
3 Pfefferkörner
1 Lorbeerblatt
1 Thymianzweig
Petersilie
Salz
Balsamessig
1/2 TL Honig

Gemüse in Stifte schneiden, Knoblauch hacken, Öl erhitzen und den gehackten Knoblauch und das Gemüse darin anbraten. Mit Gemüsesuppe (vgl. S. 27) bzw. Wasser aufgießen, Zitronensaft und Gewürze dazugeben und 6–8 Minuten bissfest garen. Das Gemüse herausnehmen und auf einer Platte anrichten. Den Sud offen auf die Hälfte einkochen lassen, mit Essig und Honig abschmecken und über das Gemüse gießen, ziehen lassen. Lau- oder zimmerwarm servieren.

Küchentipp
Dieses Gemüse können Sie auch schon am Vorabend oder in der Früh zubereiten. Eine längere Marinierzeit schadet bestimmt nicht.

Kohlrabisalat in drei Varianten

Kohlrabi sollte man essen, solange sie noch klein und zart und saftig sind. Am Markt müssen wir die Händler mit diesem Wunsch traktieren, denn sie verkaufen oft lieber die großen.

2 Kohlrabi, 4 Frühlingszwiebeln
Apfelessig, Olivenöl,
Honig, Salz, Pfeffer
Kräuter (Schnittlauch, Dille,
Melisse, Kerbel...)

Der Klassiker aus Mutters Küche

Die geschälten Knollen feinblättrig schneiden oder raspeln, feinringelig geschnittene Frühlingszwiebeln untermischen. Mit einem Dressing aus Essig, Öl, Salz, Pfeffer, Honig und reichlich frisch gehackten Kräutern marinieren. Gut durchziehen lassen.

2 Kohlrabi
125 ml Jogurt, 2 EL Sauerrahm
Saft einer Zitrone, Salz, Dille

Kohlrabisalat mit Dillrahm

Die geraspelten oder gehobelten Kohlrabi mit einer Salatsauce aus Jogurt, Sauerrahm, Zitronensaft, Salz und gehackter Dille marinieren.

2 Kohlrabi, 1 Apfel oder Birne
125 ml Jogurt, 2 EL Schlagobers
Saft einer Zitrone, Salz, Pfeffer
Sonnenblumenkerne oder Sesam
zum Garnieren

Kohlrabisalat mit Früchten

Kohlrabi und Apfel oder Birne in Stifte schneiden oder grob raspeln. Aus Jogurt, Obers, Zitronensaft, Salz und Pfeffer eine Salatsauce rühren und unter den Salat mischen. Sonnenblumenkerne oder Sesam in einer trockenen Pfanne leicht anrösten und drüberstreuen.

Küchentipp
Die Herzblätter von frisch geerntetem Kohlrabi sind besonders zart und zudem sehr vitaminreich. Wir geben sie daher – klein gehackt – immer mit zum Salat.

Vinete – Melanzaniaufstrich

2 Melanzani
Saft einer Zitrone
1–2 EL Olivenöl

Dieses Rezept stammt aus Siebenbürgen, Rumänien, wo der Aufstrich in vielen Varianten verbreitet ist. Er macht sich auch gut als Bestandteil einer mediterranen Vorspeisenplatte.

Die Melanzani ein paar Mal einstechen (sonst platzen sie) und im Backrohr bei 200 °C ca. 30–45 Minuten braten, bis sie weich sind. Abkühlen lassen. Melanzani schälen und das Fruchtfleisch mit Salz, Zitronensaft und Olivenöl pürieren oder einfach nur mit der Gabel zerdrücken. Dazu passen Weißbrot oder leicht getoastetes Schwarzbrot.

Küchentipp
Braten Sie die Melanzani am besten schon am Vorabend. Man kann statt Olivenöl auch weiche Butter und ein bisschen fein gehackte Zwiebel nehmen. Auch Knoblauch passt dazu. Am besten schmeckt der Aufstrich, wenn man die Melanzani grillt und zwar am Holzkohlengrill. Der leicht rauchige Geschmack ist unvergleichlich. Versuchen Sie es beim nächsten Grillfest!

Gegrillter Schafkäse mit Tomaten

300 g Schafkäse (Feta)
8 reife Cocktailtomaten
Olivenöl
Basilikum

Dieses Gericht haben wir vor Jahren bei einer sommerlichen Grillparty entdeckt. Gegrillter Schafkäse schmeckt aber auch aus dem Backrohr ganz vorzüglich – mit Baguette und einem Glas Rotwein…

Schafkäse in vier gleich große Blöcke schneiden. Jedes Stück mit ein paar Tropfen Olivenöl, mit 2 halbierten Tomaten und reichlich Basilikum in Alufolie einpacken und im vorgeheizten Backrohr bei 210 °C auf der obersten Schiene rund 5 Minuten grillen.

Küchentipp
Es gibt sehr viele Arten von Schafkäse – sehr salzig oder mild, fest oder weich, aus Österreich, Griechenland oder anderen Ländern. Manchmal ist auch Kuhmilch dabei – das verändert nätürlich den Geschmack. Probieren Sie aus, welcher Ihnen am besten schmeckt.

Klare Fischsuppe mit Safran

1 Karotte
1 Stange Lauch
1 Schalotte
1 Knoblauchzehe
Olivenöl
250 ml Weißwein
Hühnersuppe, Fischfond oder Wasser
Safran
Salz
500 g Fischfilet verschiedener Meeresfische

Gemüse putzen und in feine Würfel schneiden – beim Lauch nur den weißen Teil verwenden. Schalotte und Knoblauch fein hacken. In etwas Olivenöl anschwitzen, mit Wein aufgießen und einkochen lassen. Mit Suppe (vgl. S.27), Fond oder Wasser aufgießen (insgesamt ca. 1 l). Ein paar Safranfäden und Salz nach Bedarf hinzufügen und etwa 15 Minuten köcheln lassen. Die Fische in mundgerechte Stücke teilen, in die Suppe geben und 5 Minuten bei kleiner Hitze ziehen lassen. Dazu passen frisches Baguette oder getoastetes Weißbrot.

Küchentipp
Kaufen Sie Safran nie gemahlen. Nur wenn Sie die Fäden sehen, können Sie sicher sein, dass es sich um echten Safran handelt. Safran ist sehr teuer, aber auch extrem ergiebig.

Kalte Gurkensuppe mit Knoblauch

1 große Salatgurke
oder 2–3 Feldgurken
Knoblauch nach Belieben
500 ml Jogurt
Salz
Saft einer Zitrone

Für dieses Rezept gibt es viele Varianten. In jedem Fall eine ausgesprochen erfrischende Sommerspeise, die übrigens noch geschmackvoller wird, wenn Sie Feldgurken dafür verwenden.

Gurke(n) schälen, entkernen und auf einer Reibe grob raspeln. Leicht salzen. Knoblauch fein hacken und mit Jogurt vermischen. Nun die Hälfte der Gurkenraspel und den entstandenen Saft dazugeben und mit dem Stabmixer pürieren. Die zweite Hälfte der Gurkenraspel unterrühren und mit ein paar Spritzern Zitronensaft und etwas Salz abschmecken.

Küchentipp
Statt Jogurt können Sie auch einfach Butter- oder Sauermilch verwenden, auch eine Mischung aus Jogurt und Sauerrahm schmeckt fein. Zum Würzen eignen sich frische Kräuter – besonders Dill oder Minze. Mit Kreuzkümmel, Chili und Koriandergrün wird es eher indisch angehaucht. Ob Sie die Suppe lieber flüssig oder fest (dann die Gurken ausdrücken) haben, bleibt Ihrer Lust und Laune überlassen.

Tomatencremesuppe mit Rucola

1 Schalotte
2 Knoblauchzehe
2 EL Olivenöl
500 g Tomatenpolpa
(aus dem Glas oder der Dose)
300 ml Wasser
Salz
Pfeffer
1/2 TL Honig
1 Bd. Rucola
2 EL Sauerrahm

Tomatensuppen gibt es in tausenderlei Varianten. Wenn es besonders schnell gehen soll, kommt bei uns diese köstliche Suppe auf den Tisch.

Schalotte und Knoblauchzehen hacken und in heißem Öl anschwitzen. Tomatenpolpa dazugeben, mit Wasser aufgießen. Mit Salz, Pfeffer und Honig würzen. Die Suppe zugedeckt ca. 10 Minuten kochen lassen. Inzwischen die Rucolablättchen fein hacken. Die Suppe mit dem Mixstab pürieren, Sauerrahm und Rucola unterrühren. Nun nochmals kurz erhitzen und abschmecken.

Küchentipp
Tomatenpolpa aus dem Glas oder der Dose findet sich bei uns immer im Vorratsschrank. Im Sommer, wenn die Tomaten reif sind, nehmen wir natürlich gerne die frischen Früchte. Auch dann ist diese Suppe ganz schnell fertig: Große reife Fleischtomaten einfach halbieren, die Stielansätze wegschneiden und die Tomaten kleinwürfelig schneiden. Für diese Suppe brauchen Sie die Tomaten nicht zu häuten.

Hühnerbrust mit Paprikasauce

2 rote Paprika
Olivenöl
400 g Tomatenpolpa
2 Knoblauchzehen
Schale einer Bio-Zitrone
4 Hühnerbrustfilets mit Haut
Salz
Pfeffer
1 EL geriebene Mandeln
Sauerrahm zum Garnieren

Die Sauce ist die Variante eines Rezeptes von Karl und Rudi Obauer aus ihrem großartigen Buch „Hemmungslos Kochen" – eines unserer Lieblingskochbücher. Dort wird sie mit Thunfischcarpaccio serviert.

Backrohr auf 200 °C vorheizen. Paprika in kleine Würfel schneiden und in Olivenöl anschwitzen. Tomaten, gehackten Knoblauch, Zitronenschale und Salz dazugeben und ca. 15 Minuten kochen lassen. Hühnerbrustfilets salzen und pfeffern. In einer ofenfesten Pfanne in Olivenöl auf der Hautseite bei mittlerer Hitze 10 Minuten knusprig braten. Filets umdrehen und im Backrohr weitere 10 Minuten fertig garen. Geriebene Mandeln in einer Pfanne ohne Fett kurz rösten, bis sie duften. Zwei Drittel der Paprika-Tomaten-Sauce mit den Mandeln pürieren. Das letzte Drittel wieder dazugeben, abschmecken, noch einmal erhitzen. Sauce auf Teller geben, Hühnerbrustfilets draufsetzen. Mit ein bisschen Sauerrahm nach Geschmack garnieren. Dazu passen Salzkartoffeln, Bandnudeln oder einfach Baguette.

Küchentipp
Die Sauce lässt sich auch gut einfrieren. Also einfach die doppelte Menge zubereiten und das nächste Mal z. B. zu gebratenem Fisch servieren.

Junger Mais mit Butter

4 frische Maiskolben
600–800 g Kartoffeln
reichlich Butter
Salz

Der Inbegriff eines schnellen, einfachen Sommergerichts. Das viele Gelb am Teller macht einfach gute Laune. Auch unsere Kinder lieben es.

Maiskolben schälen und in reichlich Salzwasser ca. 10 Minuten lang kochen. Sie können die Maiskolben quer halbieren, dann lassen sie sich nachher leichter essen. Kartoffeln schälen, vierteln und ebenfalls in Salzwasser weich kochen (oder dämpfen – das erhält den Geschmack und die Vitamine besser). Maiskolben abgießen und gemeinsam mit den Kartoffeln, reichlich Butter (das muss sein!) und Salz servieren.

Küchentipp
Frischer Mais ergibt eine feine Gemüsebeilage. Die Körner mit einem scharfen Messer der Länge nach vom Kolben abschneiden. Mit etwas Butter, Salz und Gewürzen nach Geschmack zugedeckt ca. 10 Minuten in einem Topf dünsten lassen.

Geschnetzeltes mit Gurke

400 g Gurke
400 g Schweinsfilet
1 Zwiebel
Schlagobers
körniger Senf
Salz
Dille

Als Salatgemüse ist die Gurke viel im Einsatz, aber geschmort kommt sie eher selten auf den Tisch. Dabei schmeckt sie auch so wirklich fein.

Gurke schälen, der Länge nach vierteln und entkernen. In Scheiben schneiden. Fleisch in Streifen schneiden. Zwiebel fein hacken. Fleisch in einer großen Pfanne bei starker Hitze 2–3 Minuten braten, salzen und auf einen Teller geben. Zwiebel in der Pfanne glasig dünsten, Gurkenstücke dazugeben, kurz durchrösten und mit einem Schuss Wasser oder Suppe (vgl. S. 27) und etwas Schlagobers aufgießen. Mit Senf und Salz würzen, etwas einkochen lassen. Die Gurken sollen noch bissfest sein. Das Fleisch wieder dazugeben, noch einmal erhitzen. Mit fein gehackter Dille verfeinern.

Küchentipp
Statt Schweinsfilet können Sie auch Rind oder Huhn verwenden. Das Fleisch sollte in jedem Fall nur ganz kurz gebraten und nicht mitgekocht werden, weil es sonst trocken wird.

Fischfilet mit Sommergemüse

Olivenöl
2 kleine Zucchini
4 Fischfilets
Salz
Pfeffer
250 g Kirschtomaten
Knoblauch
Sommerkräuter
(Zitronenthymian, Rosmarin, Basilikum...)
Butter
Olivenöl
1 kleines Glas Weißwein

Ein Rezept, das mit den unterschiedlichsten Fischarten bestens funktioniert. Da viele Meeresfische vom Aussterben bedroht sind, dürfen es auch heimische Süßwasserfische sein: Forellen- oder Welsfilets zum Beispiel.

Backrohr auf 200 °C vorheizen. Eine Auflaufform mit Olivenöl ausstreichen. Zucchini der Länge nach in dünne Scheiben schneiden (mit dem Sparschäler) und in der Form verteilen. Fischfilets salzen, pfeffern und auf die Zucchini setzen. Kirschtomaten, fein geschnittenen Knoblauch, grob gehackte Kräuter und etwas Butter dazugeben. Mit Olivenöl beträufeln, Weißwein dazugießen. Mit Alufolie fest verschließen und für 20 Minuten in den Backofen.

Küchentipp
Im Winter verwenden wir einfach fein geschnittenes Suppengemüse für dieses Rezept.

Ofen-Kartoffeln mit Ratatouille

1 kg Kartoffeln
je 1 gelbe und rote Paprika
1 Melanzani
1 Zwiebel
Knoblauch
Rosmarin oder Basilikum
400 g Tomatenpolpa
Salz
Olivenöl

Für dieses Rezept müssen Sie etwas mehr Zeit einplanen. In 30 Minuten ist es nicht fertig. Aber es schmeckt so gut, dass wir es Ihnen nicht vorenthalten können.

Backrohr auf 200 °C vorheizen. Kartoffeln – geschält oder ungeschält – der Länge nach vierteln. In eine Schüssel geben, mit Salz und Olivenöl gut durchmischen. Auf einem Backblech verteilen und im Backrohr goldgelb backen. Das dauert je nach Größe der Kartoffeln ca. 45 Minuten. Paprika in Würfel schneiden. Melanzani der Länge nach vierteln und in Scheiben schneiden. Zwiebel, Knoblauch und Rosmarin oder Basilikum hacken, in Olivenöl bei mittlerer Hitze goldgelb braten. Dann die Paprikawürfel und die Melanzani dazugeben und kurz durchrösten. Mit Tomaten aufgießen. Salzen und kochen lassen, bis alles weich ist – rund 40 Minuten. Dann ohne Deckel noch etwas einkochen lassen, mit Kräutern würzen und abschmecken.

Küchentipp
Für das Ratatouille verwenden wir einen großen, flachen Schmortopf. So lassen sich größere Mengen leichter anbraten und auch die Garzeiten sind kürzer als in einem hohen Topf.

Knusperjogurt mit Himbeeren

2 EL Rohrzucker oder Honig
1 EL Butter
5 EL Haferflocken
300 g Himbeeren
500 ml Jogurt
Ingwer nach Belieben
1 EL Honig

Süß, scharf und knusprig – ein Dessert für alle Sinne.

Zucker bzw. Honig und Butter hellbraun schmelzen, die Haferflocken dazugeben und unter ständigem Rühren knusprig rösten. Die Krokantmasse auf ein leicht geöltes Backblech oder auf Backpapier geben, erkalten lassen und grob hacken. Himbeeren waschen, in Dessertschalen verteilen. Jogurt mit Honig und geriebenem Ingwer verrühren und über die Himbeeren geben. Mit Haferflockenkrokant bestreuen.

Küchentipp
Die Krokantmasse lässt sich vorbereiten. In einer verschlossenen Dose und kühl gelagert, ist sie gut haltbar.

Honigbeeren mit Vanilleeis

20 g Butter
1 EL Honig
600 g Beeren
(Himbeeren, Brombeeren, Heidelbeeren…)
Vanilleeis

„Heiße Liebe" ist einer unserer Lieblingseisbecher im Eissalon. Aber ehrlich: Frisch gemacht zu Hause schmeckt es tausendmal besser!

Butter und Honig in einer großen Pfanne schmelzen. Dann die Beeren dazugeben und vorsichtig schwenken, sodass alle Beeren schön heiß und honigsüß werden. Warm mit Vanilleeis servieren.

Küchentipp
Auch selbst gemachte Mascarponecreme passt zu den süßen Früchten. Einfach 250 g Mascarpone mit 3 EL Obers, dem Mark einer Vanilleschote und Staubzucker nach Geschmack glatt rühren.

Pfirsichcreme mit Minze

4–6 Pfirsiche (je nach Größe)
1–2 TL Honig
200 g Topfen
125 ml Jogurt
Saft und Schale einer halben Zitrone
Minzeblätter zum Garnieren

Aus Pfirsichen oder Marillen lassen sich ganz leicht und schnell wunderbare Cremes zaubern. Ein sommerlicher Hochgenuss!

Pfirsiche kurz in kochendes Wasser tauchen, mit kaltem Wasser abschrecken und danach sofort die Haut abziehen. Die Früchte halbieren, den Kern herausnehmen. Die Hälfte der Pfirsiche im Mixer oder mit dem Mixstab pürieren. Die andere Hälfte in kleine Würfel schneiden und mit Honig süßen. Das Pfirsichpüree mit Topfen und Jogurt verrühren, Zitronensaft und -schale unterrühren. Die Fruchtwürfel in Dessertschalen geben, die Creme darauf verteilen und mit Minzeblättern dekorieren. Sofort servieren, da sich sonst Wasser absetzt.

Küchentipp
Wenn die Pfirsiche zum Pürieren nicht saftig genug sind, einfach ein bisschen Apfelsaft dazugeben.

Gemüsehuhn aus dem Backrohr

600 g Kartoffeln
1 gelbe Paprika
1 Zucchini
1 Melanzani
3 Tomaten
4 Hühnerkeulen
Kräuter
Salz
Pfeffer
Olivenöl

Das ist ein absolutes Lieblingsrezept. Es ist schnell zubereitet und schmeckt mit dem leicht karamellisierten Gemüse wirklich köstlich. Wir essen es zu jeder Jahreszeit, denn es lässt sich mit verschiedenen Gemüsesorten ganz leicht variieren. Hier kommt die Sommervariante.

Backrohr auf 200 °C vorheizen. Kartoffeln (mit oder ohne Schale – wie Sie es lieber haben) vierteln, Paprika in breite Streifen, alle anderen Gemüse in Scheiben schneiden. In eine Schüssel geben, mit Salz, den Kräutern und dem Olivenöl vermischen. Auf einem tiefen Backblech verteilen. Hühnerkeulen am Gelenk in Ober- und Unterkeule trennen – sie sind dann schneller gar. Salzen und Pfeffern. Auf das Gemüse legen und mit ein wenig Olivenöl beträufeln. Eine Stunde im Backrohr braten.

Küchentipp
Wenn wir genug Zeit haben, marinieren wir die Hühnerkeulen am Vorabend in einer Mischung aus Weißwein, Zitronenschale und Olivenöl. Auch unter die Haut geschobener Thymian macht sich gut. Sehr fein schmecken auch kleine Zwiebeln oder eine Mischung aus Kartoffeln, halbierten Karotten und Fenchel. Manchmal verzichten wir auch auf die Hühnerkeulen und verwenden nur das Gemüse.

Rezepte für den Herbst

Fleischbällchen mit Püree

Gebratene Zwetschken

Menü mit zwei Gängen – Schritt für Schritt

Hauptgericht

Dessert

1 Semmel oder Toastbrot vom Vortag
125 ml Jogurt
600 g Faschiertes
Salz
Senf
gemahlener Kümmel
2 EL Semmelbrösel
800 g mehlige Kartoffeln
ca. 250 ml Milch
1 EL Butter
1 Beutel Vogerlsalat (Kühlregal) bzw. ca. 300 g loser Vogerlsalat
Essig
Öl
Senf
Salz
600 g Zwetschken
1 EL Butter
Zucker nach Bedarf
Vanilleeis

1. Zwetschken halbieren und entkernen.
2. In einer Schüssel die Salatmarinade rühren.
3. Backrohr auf 200 °C vorheizen.
4. Semmel oder Toastbrot in kleine Würfel schneiden und mit dem Jogurt vermischen. Fleisch mit Salz, Gewürzen und Brotwürfeln vermengen. Wenn der Teig zu trocken ist, noch etwas Jogurt zugeben. Ist er zu fest, helfen Semmelbrösel. Kleine Bällchen formen und auf ein gefettetes Backblech setzen.
5. Kartoffeln schälen, in nussgroße Würfel schneiden und weich kochen.
6. Das Backblech ins Backrohr geben. Die Bällchen brauchen 15–20 Minuten.
7. In einer beschichteten Pfanne Butter aufschäumen lassen, die halbierten Zwetschken hineingeben, mit etwas Zucker bestreuen und bei mittlerer Hitze ca. 5 Minuten braten. Dann vom Feuer nehmen.
8. Kartoffeln abgießen und kurz ausdampfen lassen. Durch die Kartoffelpresse drücken und mit etwas heißer Milch und Butter durchrühren.
9. Vogerlsalat mit der Marinade vermischen.
10. Fleischbällchen, Püree und Salat anrichten.
11. Lauwarme Zwetschken mit Vanilleeis auf tiefen Tellern anrichten.

Pesto mit Fenchel und Limette

1 große Fenchelknolle
30 g Pinienkerne
Saft und Schale einer unbehandelten Limette
Olivenöl
Salz

Dieses Fenchelpesto war für uns der Beginn einer dicken Freundschaft mit diesem feinen Gemüse, das auch roh als Salat oder leicht karamellisiert gebraten aus Pfanne oder Backrohr ausgezeichnet schmeckt.

Fenchelstiel abschneiden, Fenchel in Würfel schneiden, den Strunk mitverwenden. In wenig Salzwasser weich dünsten. Abgießen und etwas auskühlen lassen. Mit den restlichen Zutaten pürieren, dabei so viel Olivenöl zugeben, bis eine dicke Creme entsteht. Salzen und kalt stellen. Auf getoastetem Weißbrot oder mit frischem Baguette servieren.

Küchentipp
Am besten schon am Abend vorher zubereiten. Wenn das nicht möglich ist, Fenchelstücke zum Auskühlen auf einem Teller ausbreiten. Das Pesto schmeckt auch lauwarm vorzüglich.

Vorspeisen und Salate

Rote-Rüben-Salat mit Apfel

400 g Rote Rüben
(möglichst zarte)
1 Apfel
4 EL Sauerrahm
1 EL Kren, gerieben
Saft einer Zitrone
Salz

Rote Rüben sind ein echtes Lieblingsgemüse. Leider glauben noch immer viele, dass die Knollen nur nach schier endloser Kochzeit genießbar wären. Dabei lässt sich aus den rohen Roten Rüben ganz schnell ein wunderbarer, vitaminreicher Salat zaubern.

Rote Rüben gut bürsten, schälen und raspeln. Den Apfel ebenfalls raspeln und alles mit der Salatsauce mischen und servieren. Wer es noch bunter mag, kann auch eine geraspelte Karotte untermischen.

Küchentipp
Rote Rüben enthalten die Farbstoffe Betalaine. Diese sind ganz schön gesund – und färben einfach alles! Arbeiten Sie mit Gummihandschuhen und spülen Sie alle benutzten Geräte und Küchenutensilien sofort nach Gebrauch ab.

Birnen-Sellerie-Salat mit Nüssen

1 EL Butter
1 EL Honig
Walnusskerne
2 Stangen Sellerie
2–3 Birnen
Saft einer Zitrone
(Frisée oder Eichblatt)

Dressing
Balsamessig
Salz
Pfeffer
Walnussöl
Blattsalate

Sellerie und Birnen sind eine köstliche Kombination. Das Tüpfelchen auf dem i sind aber die mit feinem Karamell überzogenen Walnüsse.

Butter und Honig in einer Pfanne schmelzen, die Nüsse dazugeben und so lange durchrühren, bis sie rundum schön mit Honigkaramell überzogen sind. Dann zum Überkühlen wegstellen. Die Selleriestangen schräg in 0,5 cm große Stücke schneiden. Die Birnen je nach Sorte mit oder ohne Schale vierteln, das Kernhaus ausschneiden und in dünne Spalten oder Würfel schneiden und sofort mit Zitronensaft beträufeln. Aus Balsamessig, Salz, Pfeffer und dem Öl eine Salatsauce rühren. Die Salatblätter kurz durch das Dressing ziehen und auf Tellern anrichten. Sellerie und Birnen ebenfalls mit der Salatsauce marinieren und daneben anrichten. Zuletzt die karamellisierten Nüsse dazugeben.

Küchentipp
Ein Stück Käse – Blauschimmelkäse oder Weißschimmelkäse – passt ebenfalls sehr gut zu diesem Salat.

Zucchiniröllchen auf Blattsalat

1 kleine Zucchini
2 EL schwarze Oliven
1 kleine Tomate
1/2 grüne Paprika
200 g Frischkäse
Schnittlauch
Salz
Pfeffer
Blattsalate
(Kopfsalat, Eichblattsalat, Vogerlsalat...)

Dressing
Balsamessig
Olivenöl
Salz
Pfeffer

Zucchiniröllchen sind ganz einfach und schnell gemacht und sehen wirklich toll aus.

Aus Essig, Öl, Salz und Pfeffer ein Dressing rühren. Die Zucchini der Länge nach mit dem Sparschäler in dünne Scheiben schneiden. Für die Fülle Oliven, Tomate und Paprika fein würfeln, Schnittlauch fein schneiden. Frischkäse mit Gemüse und Schnittlauchröllchen vermischen, mit Salz und Pfeffer würzen. Die Fülle auf die Zucchinischeiben streichen, einrollen und auf den marinierten Blattsalaten anrichten.

Küchentipp
Besonders dekorativ sind Röllchen aus gelben Zucchini.

Kürbissuppe mit Kokos

2 Schalotten
2 EL Olivenöl
600 g Speisekürbis
600 ml Gemüsesuppe oder Wasser
200 ml Kokosmilch
Salz, Pfeffer
Ingwer nach Belieben
Chili
Saft einer Limette oder Zitrone

Hokkaidokürbis schmeckt nicht nur besonders gut, er kann im Gegensatz zu manchen anderen Kürbissorten mit der Schale verwendet werden. Durch diesen Vorteil spart man (Küchen-)Arbeit und Geld. Einfach aufschneiden, Kerngehäuse herausstechen und würfeln.

Schalotten feinwürfelig schneiden, in Olivenöl anschwitzen. Kürbis würfeln, dazugeben, mit Suppe oder Wasser aufgießen, auf kleiner Flamme rund 10 Minuten kochen lassen, dann pürieren. Kokosmilch unterrühren, mit Salz, Pfeffer, frisch geriebenem Ingwer und etwas Chili würzen und mit Limetten- oder Zitronensaft abschmecken.

Küchentipp
Wenn Sie für Kinder kochen, die scharfes Essen nicht mögen, geben Sie Chili und Ingwer einfach erst dazu, wenn Sie die Portionen für die Kleinen herausgenommen haben.

Cremesuppe mit Petersilie

200 g Petersilwurzeln
1 Schalotte
20 g Butter
800 ml Suppe
Petersilie
125 ml Schlagobers
Salz
Pfeffer
Muskat
Saft einer Zitrone

Wenn's draußen kalt, feucht und einfach ungemütlich wird, sind so richtig mollige Cremesuppen eine feine Sache und bei uns sehr begehrt.

Petersilwurzeln schälen und in Würfel schneiden. Schalotte hacken und in Butter anschwitzen, die Petersilwurzel dazugeben, kurz durchrösten. Mit Suppe (vgl. S. 27) aufgießen, ca. 15 Minuten kochen. Reichlich gehackte Petersilie und Obers dazugeben, mit dem Stabmixer pürieren. Die Suppe mit Salz, Pfeffer, Muskat und Zitronensaft abschmecken. Dazu passen Brotchips: Schwarzbrot in sehr dünne Scheiben (2–3 mm dick) schneiden, auf ein Backblech legen und leicht mit Olivenöl bepinseln. Im Backrohr bei 180 °C etwa 5 Minuten knusprig backen.

Küchentipp
Dieses Rezept ist ein Grundrezept für Gemüsecremesuppen. Die Petersilwurzeln können durch verschiedenstes herbstliches Gemüse ersetzt werden. In der gleichen Art machen wir zum Beispiel auch gerne Rote-Rüben-Suppe, die wir mit Kren abschmecken. Zu Schwarzwurzelsuppe passen Kokosmilch und Kokosraspeln, zu Pastinakensuppe kommen geröstete Walnüsse.

Weißkrautsuppe mit Safran

2 Schalotten
je 1 rote und gelbe Paprika
1/2 kleines Weißkraut
1 kleiner Apfel
1 Kartoffel
2 EL Olivenöl
1 Lorbeerblatt
ein paar Safranfäden
1/2 TL edelsüßer Paprika
800 ml Gemüse- oder Hühnesuppe
1 Schuss Grüner Veltliner
Salz
Sauerrahm zum Verfeinern

Schalotten fein hacken, Paprika, Kraut und Apfel in dünne Streifen schneiden, die Kartoffel würfeln. Schalotten in Olivenöl anschwitzen, das Gemüse dazugeben und kurz mitdünsten. Lorbeerblatt, Safran und Paprikapulver dazugeben, mit Suppe (vgl. S. 27) und Wein aufgießen. Rund 10 Minuten kochen. Die Suppe abschmecken und mit einem Löffel Sauerrahm servieren.

Küchentipp
Wir finden, Gemüsesuppen können auch mit Wasser aufgegossen werden, wenn gerade keine fertige Gemüse- oder Hühnersuppe im Kühlschrank oder Tiefkühler auf die Weiterverarbeitung wartet. Das leicht angeröstete Gemüse gibt als solches schon viel Geschmack.

Couscous mit Huhn

4 Hühnerkeulen
4 Karotten
1 kleine Pastinake
1 Petersilwurzel
1–2 Schalotten
frischer Ingwer
1 kleine Chilischote
2 EL Olivenöl
Salz
Pfeffer
3 Safranfäden
(ersatzweise Kurkuma/Gelbwurz)
1 TL edelsüßer Paprika
2 EL Rosinen
1 Tasse Tomatenpolpa
Petersilie zum Garnieren
450 ml Wasser oder Suppe
1 TL Butter
Salz
200 g Couscous

Hühnerkeulen in Ober- und Unterkeule teilen. Karotten, Pastinaken und Petersilwurzel in Scheiben oder Würfel schneiden. Schalotten, Ingwer und Chili hacken, in Öl anbraten. Fleisch und Gemüse dazugeben und weiterbraten, bis alles leicht gebräunt ist. Etwas Wasser angießen und würzen. Das Ganze rund 15 Minuten köcheln lassen. Rosinen und Tomaten dazugeben und weitere 5 Minuten kochen. Mit gehackter Petersilie bestreuen. Wasser oder Suppe (vgl. S. 27) mit Salz und Butter aufkochen. Couscous einrühren, aufkochen, zugedeckt 8 Minuten ausquellen lassen.

Küchentipp
Couscous ist ein vorgedämpfter Hartweizengrieß, der im Nu fertig ist und besonders lecker schmeckt. Natürlich kann auch anderes Getreide (Reis, Dinkelreis, Hirse...) zu dem Schmorgericht serviert werden. Im Sommer kann man dieses Gericht auch mit anderem Gemüse ergänzen – z. B. Fisolen, Zucchini.

Junger Kohl mit Limettensauce

1 junger Kohlkopf
(ca. 700–800 g)
Saft und Schale einer Bio-Limette
2 EL Butter
125 ml Gemüsesuppe oder Wasser
125 ml Obers
Salz
Pfeffer

Kohl schmeckt wirklich fein, wenn er nur kurz gedünstet oder geschmort wird. Mit dem eingebrannten und zu Tode gekochten Gemüse, das wir alle kennen, hat er so zubereitet glücklicherweise gar nichts mehr zu tun.

Vom Kohlkopf die äußeren Blätter entfernen, den Kopf je nach Größe vierteln oder achteln. Strunk keilförmig herausschneiden, aber nur so weit, dass die Blätter noch zusammenhalten. Limettenschale abreiben oder mit dem Zestenreißer abheben. Den Limettensaft auspressen. Die Butter in einer großen Pfanne zergehen lassen, die Kohlstücke einlegen, salzen, pfeffern und mit Suppe oder Wasser rund 10 Minuten schmoren lassen. Dann den Kohl herausnehmen und warm stellen. Die verbleibende Flüssigkeit mit Obers, Limettensaft und Limettenschale verrühren und aufkochen lassen. Jetzt die Sauce abschmecken und über den Kohl gießen.

Küchentipp
Zu geschmortem jungem Kohl passt auch eine Sauce mit Blauschimmelkäse wunderbar. Dazu werden 200 g Blauschimmelkäse mit etwas Milch aufgekocht. Mit Muskat, Salz und Pfeffer abschmecken, über den Kohl gießen, eventuell kurz bei 210 °C im Backrohr überbacken.

Die beste schnelle Tomatensauce

400 g Tomatenpolpa
2 Knoblauchzehen
1 Prise Zucker
Schale einer Bio-Zitrone
Basilikum
Salz
Olivenöl
Parmesan

Diese Tomatensauce ist blitzschnell fertig, lässt sich wunderbar abwandeln und hat uns schon oft gerettet, wenn wir zwar etwas Warmes essen, aber nicht wirklich kochen wollten. Bis die Lieblingsnudeln gekocht sind, ist auch die Sauce fertig.

Tomaten mit gehacktem Knoblauch und Zucker in einer Pfanne oder einem großen flachen Topf einkochen lassen. Das dauert maximal 10 Minuten. Salz, geriebene Zitronenschale und gehacktes Basilikum und einen Schuss Olivenöl drunterrühren. Mit guten Nudeln und frisch geriebenem Parmesan servieren.

Küchentipp
Diese Tomatensauce passt zu allen Arten von Nudeln und (gekauften) Gnocchi. Manchmal mischen wir auch Thunfisch und/oder gehackte Oliven darunter oder fein gehackte Sardellen und Kapern.

Polenta mit Schwammerln

200 g Pilze
(Steinpilze, Eierschwammerln,
Maronenröhrlinge...)
4–5 getrocknete, in
Öl eingelegte Tomaten
300 ml Hühner- oder
Gemüsesuppe
200 ml Milch
1 Lorbeerblatt
100 g Maisgrieß
50 g Butter
evtl. 40 g geriebener Parmesan
Salz

Pilze putzen und schneiden. Getrocknete Tomaten in Streifen schneiden. Suppe und Milch mit dem Lorbeerblatt aufkochen, Maisgrieß mit dem Schneebesen einrühren, ca. 20 Minuten unter Rühren köcheln. Am Anfang spritzt es – dann einfach für kurze Zeit einen Deckel auflegen. Die Hälfte der Butter und den geriebenen Käse unterrühren. Die Pilze mit den Tomatenstreifen in der restlichen Butter anbraten, salzen und auf der Polenta anrichten.

Küchentipp
Wenn die Polenta zu fest wird, einfach ein wenig Suppe oder Milch nachgießen und kräftig einrühren. Eine feine Sache, die man gut vorbereiten kann, sind Polentaschnitten: Dazu muss die Polenta schön fest eingekocht werden – also rund 150 ml Flüssigkeit weniger verwenden. Dann den Brei auf ein geöltes oder mit Backpapier belegtes Backblech streichen und fest werden lassen. Am nächsten Tag beliebige Formen ausschneiden und in Butter anbraten. Bei Kindern kommen Polentaherzen gut an – wir verwenden einfach eine Keksform zum Ausstechen.

Hauptspeisen

Mediterranes Zucchinigemüse

1 Zwiebel
Olivenöl
4 kleine Zucchini
Zitronenthymian
Salz

Dieses Rezept stammt aus Südfrankreich und schmeckt natürlich auch im Sommer hervorragend, als Beilage zu gegrillten Lammkoteletts zum Beispiel.

Zwiebel hacken und in einer großen Pfanne oder einem Schmortopf in Olivenöl anschwitzen. Grob geraspelte Zucchini dazugeben und bei mittlerer Hitze ohne Deckel schmoren. Gelegentlich umrühren. Die Zucchini sollen leicht gebräunt sein. Das dauert nicht länger als 15–20 Minuten. Mit Salz und Zitronenthymian (oder anderen Kräutern nach Geschmack) würzen. Dazu passt jede Art von kurz gebratenem Fleisch oder Fisch. Es schmeckt aber auch mit Salzkartoffeln oder einfach mit Baguette.

Küchentipp
Zucchini schmecken am besten, wenn sie noch klein und fest sind. Also rechtzeitig ernten bzw. am Markt danach fragen.

Rogers von der Kokosnuss

20 g Butter
75 g Backzucker
100 g Kokosraspel
1 Ei
1 Eidotter

Dieses Rezept darf hier nicht fehlen. Es geht so schnell und schmeckt gerade warm absolut köstlich – anstatt eines Desserts zum Kaffee nach dem Essen zum Beispiel. Auch unsere Kinder lieben es. Es stammt aus dem Buch „Einfach und genial" von der luxemburgischen Spitzenköchin Lea Linster und hat bei uns inzwischen den Rang eines „Familienrezeptes".

Backrohr auf 190 °C vorheizen. Backblech mit Backpapier auslegen. Butter schmelzen und abkühlen lassen. Zucker mit den Kokosraspeln vermischen. Ei und Eidotter schaumig schlagen und mit dem Zucker-Kokos-Gemisch verrühren. Jetzt noch die geschmolzene Butter dazugeben und weiterrühren – am besten mit einem Teigschaber – bis die Masse schön geschmeidig ist. Das geht sehr schnell. Mit einem Teelöffel kleine Teighäufchen abstechen, aufs Blech setzen und mit den (angefeuchteten) Fingern zu kleinen Pyramiden formen. Ins vorgeheizte Backrohr schieben, schon nach ca. 15 Minuten sind sie fertig und die Küche ist von einem köstlichen Duft erfüllt. Die Rogers sollen außen schön knusprig und innen weich sein.

Küchentipp
Das Rezept ist wunderbar einfach – es eignet sich bestens für die ersten, selbständigen Backversuche von Kindern.

Desserts

Apfelmus mit Ingwer

1 kg säuerliche Äpfel
1 St. Zimtrinde
4 Gewürznelken
1 nussgroßes Stück Ingwer
2 EL Honig
Saft einer Zitrone
evtl. 1 Becher Jogurt

Apfelmus schmeckt pur oder als saftige Beigabe zu diversen Mehlspeisen. Besonders erfrischend schmeckt es mit Ingwer oder mit Jogurt.

Äpfel vierteln, Kerngehäuse herausschneiden, in ganz wenig Wasser mit der Schale weich dünsten. Das dauert rund 4 Minuten. Zimt und Nelken in ein Tee-Ei füllen und mitkochen. Wer kein Tee-Ei hat, muss die Gewürze nach dem Kochen herausfischen. Äpfel pürieren und mit geriebenem Ingwer, Honig und Zitronensaft abschmecken. Eventuell einen Becher Jogurt unterrühren.

Küchentipp
Wir probieren gerne verschiedene Apfelsorten aus. Vor allem alte Sorten, die wir auf Bauernmärkten finden und die viel mehr Geschmack haben als die üblichen Supermarktäpfel.

Zwei schnelle Birnen-Desserts

2 große reife Birnen
250 ml Wasser oder Saft
(Apfel, Orange, Hollerblüten...)
Zucker oder Honig nach Bedarf
Saft einer halben Zitrone
1 kleine Zimtstange
80 g dunkle Schokolade
20 g Butter
3 EL Obers

2 Birnen
20 g Butter
1 EL Honig
4 Scheiben Briochestriezel

Pochierte Birnen auf Schokosauce

Birnen schälen, halbieren, Kerngehäuse ausstechen. Wasser und Gewürze aufkochen. Birnenhälften je nach Festigkeit ca. 5 Minuten leicht darin köcheln lassen, vom Herd nehmen und noch 10 Minuten im Sud ziehen lassen. Die Birnen sollten nicht zu weich sein. Für die Sauce Schokolade und Butter im Wasserbad schmelzen und danach mit Schlagobers verrühren. Die Schokolade auf Desserttellern verteilen, die Birnenhälften auf dem Saucenspiegel anrichten. Mit einem Tupfer Schlagobers garnieren.

Gebratene Birnen auf Briochetoast

Birnen vierteln, schälen, Kerngehäuse ausstechen und dann in Spalten schneiden. Butter und Honig in einer Pfanne heiß werden lassen und die Birnen darin unter Rütteln einige Minuten gut anbraten. Die Birnen lassen beim Braten ein wenig Flüssigkeit, die mit Butter und Honig zu einem dickflüssigen Sirup wird und die Birnenspalten rundum glasiert. Inzwischen die Briochescheiben toasten, die heißen Birnenspalten darauf anrichten und sofort servieren. Für die ganz „Süßen" noch Schokoladensauce dazu!

Lammbraten mit Sardellen

6 Sardellenfilets
4 Knoblauchzehen
1 kleine Chilischote
1 Lammkeule
(ca. 1,5 kg)
Salz
Pfeffer
2–3 Rosmarinzweige
Olivenöl
125 ml trockener Weißwein
250 ml Wasser
200 g Tomatenpolpa
2 EL schwarze Oliven
Petersilie zum Garnieren

Sardellenfilets, Knoblauch und Chili hacken. Das Lamm salzen und pfeffern und gemeinsam mit Rosmarinzweigen, Knoblauch, Chili und den Sardellen in einer ofenfesten Form in Öl anbraten. Mit Wein, Wasser und Tomaten aufgießen. Oliven dazugeben und im Backrohr bei 200 °C braten, bis es fertig ist, dabei hin und wieder wenden. Durchgegart ist so eine Keule meist nach 1–1,5 Stunden. Wer das Fleisch rosa mag, kann es auch schon nach einer Stunde herausnehmen. Vor dem Tranchieren unbedingt 10 Minuten zugedeckt ruhen lassen. Den Braten beim Servieren mit frisch gehackter Petersilie bestreuen. Dazu passt Polenta.

Küchentipp
Keine Angst vor den Sardellen, der Lammbraten schmeckt dadurch keineswegs nach Fisch. Aber die Sauce wird unvergleichlich würzig.

Rezepte für den Winter

Der schnelle Borschtsch

Topfen mit Orange

Menü mit zwei Gängen – Schritt für Schritt

Hauptgericht

1 Knoblauchzehe
1 Schalotte bzw. kleine Zwiebel
2 mittelgroße Rote Rüben
2 Karotten
1/4 Sellerieknolle
2 Kartoffeln
1/2 Stange Lauch
100 g Weißkraut
20 g Butter
1 EL Tomatenmark
1 Lorbeerblatt, Kümmel
Salz, Pfeffer, Muskatnuss
700 ml Wasser
1/2 Bd. Petersilie
1 EL Kren
Sauerrahm zum Garnieren

Dessert

3 unbehandelte Orangen
250 g Topfen
Staubzucker nach Belieben
Saft und Schale einer Bio-Orange
125 ml Schlagobers

1. Knoblauch und Schalotte bzw. Zwiebel hacken.
2. Rote Rüben, Karotten, Sellerie und Kartoffeln schälen und in kleine Würfel schneiden.
3. Lauch und Kraut nudelig schneiden.
4. Knoblauch und Schalotten in einem großen Topf in Butter anschwitzen, Gemüse dazugeben und kurz mitdünsten.
5. Tomatenmark und Gewürze dazugeben, mit Wasser aufgießen und rund 15 Minuten köcheln lassen.
5. Petersilie fein schneiden.
6. Kren reiben.
7. Drei Orangen filetieren.
8. Topfen mit Zucker, Saft und abgeriebener Schale einer Orange glatt rühren.
9. Schlagobers steif schlagen und unter den Topfen heben.
10. Die Topfencreme in Schalen füllen und mit den Orangenfilets belegen.
11. Borschtsch servieren. Bei Tisch einen Löffel Sauerrahm auf die Suppe geben, mit Petersilie und geriebenem Kren bestreuen. Dazu passt ein Stück Brot.

Küchentipp
Schneller geht es, wenn Sie das Gemüse (bis auf Kartoffeln, Schalotte und Koblauch) schon am Vorabend schneiden und abgedeckt im Kühlschrank aufbewahren.

Hummus – Kichererbsenpüree

1 Dose Kichererbsen (400 g)
Saft einer halben Zitrone
2–3 EL Olivenöl
Salz

Das ist unsere ganz einfache Variante dieser orientalischen Vorspeise, die ansonsten meist auch noch mit Kreuzkümmel und Sesampaste gewürzt wird.

Kichererbsen abgießen und mit Zitronensaft, Öl und Salz pürieren. Falls nötig, einen kleinen Schuss Wasser dazugeben. Es darf aber nicht flüssig, sondern eher wie ein festes Kartoffelpüree werden. Mit frischem Weißbrot – zum Beispiel mit Sesam bestreutem türkischem Fladenbrot – servieren.

Küchentipp
Kichererbsen aus der Dose schmecken genauso gut wie selbst gekochte. Es lohnt sich, einen Vorrat davon zu Hause zu haben, denn sie schmecken auch gut in Eintöpfen und Suppen. Wenn Sie diese ausgesprochen gesunden Hülsenfrüchte selbst kochen (müssen), reichen ca. 200 g. Über Nacht einweichen, dann mit frischem Wasser weich kochen. Das kann 20–45 Minuten dauern – je nach Alter der Kichererbsen. Salz erst am Ende des Garprozesses hinzufügen und einen Teil des Kochwassers fürs Pürieren aufheben.

Vorspeisen und Salate

Carpaccio von Roten Rüben mit Schafkäse

3–4 gekochte Rote Rüben
200 g Schafkäse
1 EL Orangensaft
1 TL Honig
1 EL Essig
4 EL Olivenöl
Salz
Pfeffer nach Belieben

Rote Rüben bekommt man schon vorgekocht und vakuumverpackt in jedem Supermarkt. Sie halten so relativ lange, sind daher ideal für die Vorratskammer. Wir verwenden sie auch für Salate, schnelle Suppen oder einfach blättrig geschnitten in ein bisschen Butter gebraten als Gemüsegericht.

Die Roten Rüben in möglichst dünne Scheiben schneiden, am leichtesten geht das mit der Brotschneidemaschine. Ein guter Gurkenhobel oder ein scharfes Messer tun es aber auch. Die Scheiben gleich auf die Teller verteilen. Den zerkrümelten Schafkäse darüber verteilen. Aus wenig Salz (der Schafkäse ist ja meist schon salzig), Orangensaft, Honig, Essig und Öl mit dem Schneebesen eine Marinade rühren und die Roten Rüben damit beträufeln. Nach Belieben mit Pfeffer aus der Mühle würzen. Dazu passen türkisches Fladenbrot oder auch ein anderes Weißbrot.

Küchentipp
Eine feine Variante dazu: die Marinade aus Salz, Essig und Kürbiskernöl zubereiten. In einer Pfanne ohne Fett Kürbiskerne leicht anrösten und über den Schafkäse streuen.

Chicorée-Salat mit Nüssen

2 Chicorée
Saft einer Zitrone
1/2 TL Honig
Walnussöl
Salz
Walnüsse

Vorspeisen mit Chicorée sind besonders schnell fertig, weil es bei diesem Wintergemüse einfach kaum etwas zu putzen gibt.

Chicoréesprossen halbieren, den Strunk herausschneiden. Die Chicoréeblätter in 2 cm breite Streifen schneiden. Mit einer Salatsauce aus Öl, Zitronensaft, Salz und Honig marinieren. In einer trockenen Pfanne eine kleine Hand voll Walnüsse anrösten und über den Salat streuen.

Küchentipp:
Geschnittenen Chicorée nicht zu lange unmariniert stehen lassen, sonst verfärben sich die Schnittflächen. Zu diesem zart bitteren Gemüse passt auch eine Salatsauce mit Kapern und Sardellengut. Dazu 2 Sardellen und 1 TL Kapern mit der Gabel etwas zerdrücken, mit etwas Honig, Zitronensaft und Olivenöl gut vermischen und über den geschnittenen Chicorée geben. Schon ist diese schnelle Vorspeise fertig!

Salat mit Chinakohl, Äpfeln und Kren

1/2 Chinakohl
2 Äpfel

Dressing
1 Becher Jogurt
1 EL Sonnenblumenöl
Saft einer Zitrone
Salz
Honig
1 EL Kren, gerieben

Aus Jogurt, Öl, Zitronensaft, Salz, Honig und Kren eine Salatsauce rühren. Chinakohl der Länge nach halbieren, den Strunk ausschneiden und nudelig schneiden. Die Äpfel vierteln, Kerngehäuse ausschneiden und in Streifen schneiden. Den Chinakohl-Apfel-Salat sofort marinieren.

Küchentipp
Versuchen Sie es einmal mit frischem Kren! Frisch gerieben schmeckt Kren einfach tausendmal besser als aus dem Glas.

Karottensuppe mit Ingwer und Kokos

1 Zwiebel
frischer Ingwer
Pflanzenöl
600 g Karotten
1 TL Zucker
200 ml Kokosmilch
Gemüsebrühe oder Wasser
Salz
Saft und Schale einer Bio-Orange

Eine unserer Lieblingssuppen – der Kontrast zwischen dem scharfen frischen Ingwer und der milden süßlichen Kokosmilch ergibt ein wunderbares Geschmackserlebnis. Die Orangenschale sorgt noch für das „Tüpferl am i".

Zwiebel hacken, Ingwer reiben – je nach der gewünschten Schärfe 1 TL – 1 EL voll. Beides in Pflanzenöl leicht anschwitzen. Karotten schälen oder bürsten, in grobe Stücke schneiden und zum Zwiebel-Ingwer-Gemisch geben. Mit Zucker bestreuen und kurz braten. Mit Kokosmilch und etwas Suppe (vgl. S. 27) oder Wasser aufgießen, salzen, weich kochen und pürieren. Falls nötig, können Sie noch mehr Gemüsebrühe oder Wasser dazugeben, bis die gewünschte Konsistenz erreicht ist. Mit Orangensaft und fein geriebener Orangenschale abschmecken.

Küchentipp
Wir mögen auch ein Karottengemüse, das ganz ähnlich zubereitet wird. Dafür die Karottenstücke nach dem Anbraten mit wenig Wasser aufgießen und bissfest dünsten. Mit einem kleinen Löffel Butter und etwas Orangenschale abrunden.

Mediterrane Suppe aus roten Linsen

250 g rote Linsen
1 Zwiebel
2 Knoblauchzehen
Olivenöl
200 g Tomatenpolpa
Lorbeerblatt
getrocknete Mittelmeerkräuter nach Geschmack
(Salbei, Rosmarin, Thymian, Origano)
Salz

Eine wärmende, würzige Wintersuppe, die ganz schnell zubereitet ist, weil rote Linsen nicht eingeweicht werden müssen und sehr schnell weich sind. Wir verwenden das Rezept mit weniger Flüssigkeit gerne auch als Beilage zu Fleischgerichten oder als vegetarische Mahlzeit mit Kartoffeln oder Reis.

Linsen in einem Sieb abspülen. Zwiebel und Knoblauch fein hacken und bei mittlerer Hitze in Olivenöl hellgelb rösten. Linsen, Tomaten, Gewürze und ca. 750 ml Wasser dazugeben. Linsen weich kochen. Falls nötig, etwas verdünnen, salzen und noch einmal nachwürzen.

Küchentipp
Als Garnitur eignet sich knusprig gebratener Rohschinken oder Speck. Fein gehacktes Gemüse (Karotten, Lauch, Sellerie...) mit Zwiebel angeröstet, gibt der Suppe noch mehr Aroma.

Kartoffelsuppe mit Chips

1 Schalotte
1 haselnussgroßes Stück Ingwer
Kreuzkümmel
2 EL Butter
300 g mehlig kochende Kartoffeln
1 Karotte
800 ml Gemüse- oder
Hühnersuppe oder Wasser
Salz
Saft und Schale einer Bio-Orange
Jogurt zum Garnieren

Chips
2 Kartoffeln
2 EL Sonnenblumenöl

Das Backrohr auf 200 °C vorheizen. Schalotte und Ingwer hacken, mit dem Kreuzkümmel in Butter anschwitzen. Würfelig geschnittene Karotten und Kartoffeln dazugeben, mit Suppe (vgl. S. 27) oder Wasser aufgießen und rund 15 Minuten köcheln. Inzwischen die beiden Kartoffeln für die Chips in sehr feine Scheiben schneiden und auf ein mit Backpapier belegtes Backblech geben, mit Öl bepinseln und im Backrohr knusprig backen. Die Suppe pürieren und mit Salz, Orangenschale und -saft abschmecken. Vor dem Servieren nochmals mit dem Pürierstab aufschäumen. In Suppenteller gießen und einen Löffel Jogurt draufsetzen. Mit den Chips servieren.

Küchentipp
Die Chips schmecken auch ohne Suppe! Ihre Kinder werden Sie dafür lieben. Unsere tun es jedenfalls.

Kartoffelwürfel mit grüner Sauce

700 g Kartoffeln
2 EL Butter
Salz
Sesam
40 g Vogerlsalat
2 EL Sauerrahm
2 EL Jogurt
1 EL Weinessig
1 TL Kren nach Belieben
Salz
100 g Vogerlsalat
Essig
Öl

Die Kartoffelwürfel schmecken wunderbar buttrig und vertragen sich bestens mit der grünen Sauce, die wir aus dem Kochbuch der Brüder Obauer „Hemmungslos kochen" ausgeborgt haben. Dort wird sie mit einem sehr feinen Kalbfleischstrudel kombiniert. Aber sie macht eben auch aus dem einfachen Kartoffelgericht etwas besonders Wohlschmeckendes.

Kartoffeln waschen – mit oder ohne Schale in Würfel schneiden. Die Würfel salzen und mit Butter und 3 EL Wasser zugedeckt dünsten. Damit sie sich nicht anlegen, die Pfanne hin und wieder durchschütteln. Je nach Würfelgröße dauert das rund 10–15 Minuten. Sesam in einer Pfanne ohne Fett kurz rösten und über die fertigen Kartoffelwürfel streuen. Vogerlsalat mit allen anderen Zutaten schaumig mixen bzw. pürieren. Mit den Kartoffeln anrichten. Dazu den restlichen Vogerlsalat mit einer leichten Marinade als Salat servieren.

Küchentipp
Statt Vogerlsalat nehmen wir für die Sauce auch gern frische Kräuter – Petersil, Basilikum, Minze, Kerbel – was es eben gerade gibt.

Gebratenes Wintergemüse

500 g Wintergemüse
(Petersilwurzeln, Topinambur,
Lauch, Karotten,
Kohlsprossen...)
frischer Ingwer
30 g Butter
Salz, Pfeffer
Saft und Schale einer Bio-Zitrone
Petersilie

Wurzelgemüse dünnblättrig schneiden, Lauch feinringelig schneiden, Kohlsprossen vierteln. Ingwer fein hacken. Alles in Butter anbraten, sodass das Gemüse leicht bräunt. Mit Salz und Pfeffer würzen. Mit feinen Streifen der Zitronenschale und dem Zitronensaft abschmecken. Mit gehackter Petersilie bestreuen.

Küchentipp
Knusprig gebratenes Gemüse entwickelt viel mehr Geschmack als gekochtes. Das schmeckt dann sogar den Kindern, die an „Grünzeug" sonst keinen Gefallen finden.

Hauptspeisen

Süßsauer gebratener Chinakohl

1/2–1 Chinakohl – je nach Größe
1 Apfel
3 EL Öl
(wenn vorhanden: Sesamöl)
1 kleines Stück frischer Ingwer
Salz oder Sojasauce
Pfeffer
Saft einer Zitrone
1 TL Honig
evtl. 1 EL Tomatenmark

Chinakohl ist ein bequemes Gemüse: Einfach die welken Blätter entfernen, die Strünke abschneiden und weiterverarbeiten. Nicht nur deshalb ist er bei uns – als Salat oder gebraten – sehr beliebt.

Chinakohl in breite Streifen, Apfel in kleine Würfel schneiden. Das Öl in einer Pfanne erhitzen, Chinakohl, Apfel und geschnittenen Ingwer unter ständigem Rühren 2 Minuten braten, mit ein paar Löffeln Wasser aufgießen und kurz fertig dünsten. Mit Pfeffer, Salz bzw. Sojasauce, Honig, Zitronensaft und Tomatenmark abschmecken. Dazu passt Reis. Manchmal braten wir auch kleine Fischfiletstücke dazu.

Küchentipp:
Chinakohl enthält viel Vitamin C. Er ist daher gerade im Winter ein nützlicher Vitaminspender.

Hauptspeisen

Geschnetzeltes vom Jungrind

3 Schalotten
2 Knoblauchzehen
2 Karotten
1 Gelbe Rübe
500 g Jungrind
Salz
Pfeffer
2 EL Sesamöl
2–3 EL Kapern
Saft und Schale einer Bio-Zitrone
oder -Limette
Petersilie zum Garnieren

Schalotten und Knoblauch schälen und in Spalten oder Scheiben schneiden. Karotten und Gelbe Rübe ebenfalls schälen und in dünne Scheiben schneiden. Das Fleisch in Streifen schneiden. Mit Salz und Pfeffer würzen. Das Sesamöl in einer großen, schweren Pfanne stark erhitzen, das Fleisch darin rasch gut anbraten, aus der Pfanne nehmen und warm stellen. Im Bratensatz die Schalotten, Karotten und Gelben Rüben anbraten, Kapern, Zitronensaft und -schale beifügen. Unter Rühren einige Minuten braten, dann mit ein paar Löffeln Wasser oder Suppe aufgießen und offen kurz fertig dünsten, die Flüssigkeit soll ziemlich reduziert sein. Jetzt das Fleisch zum Gemüse geben, noch einmal durchrühren und heiß werden lassen. Mit gehackter Petersilie bestreut servieren.

Küchentipp
Jungrindfleisch stammt von Tieren, die nicht älter als ein Jahr sind. Daher ist es besonders zart und saftig – und in Minutenschnelle fertig. Das ideale Fleisch also zum Kurzbraten. Für Geschnetzeltes verwenden Sie am besten Nuss, Hüferscherzel, Schale, Tafelstück, Lungenbraten oder Beiried.

Köfte mit Kürbisgemüse

50 g Rosinen
1 Scheibe Weißbrot vom Vortag
125 ml Jogurt
1 EL Pinienkerne
500 g Faschiertes
Zimt
Salz, Pfeffer
getrocknete Minze
1 kleiner Hokkaidokürbis
2 Schalotten
Ingwer
Olivenöl
1 Schuss Apfelsaft
gemahlener Zimt
Kardamom
Piment

Köfte sind orientalisch gewürzte Fleischbällchen aus Faschiertem. Besonders authentisch ist Lammfaschiertes, aber eine Mischung aus Rind- und Schweinefleisch ist auch in Ordnung.

Rosinen in wenig Wasser oder Apfelsaft einweichen – am besten schon am Vorabend. Brot in ganz kleine Würfel schneiden und mit Jogurt vermischen. 10 Minuten stehen lassen. Pinienkerne in einer Pfanne ohne Fett kurz rösten. Abgetropfte Rosinen und Pinienkerne hacken. Alles mit dem Fleisch und den Gewürzen vermischen und salzen. Gleich große Bällchen formen und entweder in der Pfanne oder im Backrohr bei 220 °C ca. 15 Minuten braten.
Hokkaidokürbis entkernen, mit der Schale in Würfel schneiden. Schalotten fein hacken und mit dem frisch geriebenen Ingwer in Olivenöl anschwitzen. Kürbis dazugeben und kurz mitschmoren. Mit Apfelsaft ablöschen, stark einkochen lassen. Zum Schluss noch etwas Wasser dazugeben, salzen und würzen und ohne Deckel schmoren, bis der Kürbis weich und die Flüssigkeit fast verdampft ist.

Küchentipp:
Die Fleischbällchen schmecken auch gut, wenn sie nicht im Backrohr, sondern mit dem Kürbisgemüse mitgeschmort werden.

Bratäpfel mit Nüssen und Rosinen

4 säuerliche Äpfel
Walnüsse und
Rosinen nach Belieben
2 EL brauner Zucker
2 EL Butter
Apfelsaft

Ein Dessert, das ganz einfach zu machen ist, nostalgische Gefühle weckt und die Küche mit einem wunderbaren Duft erfüllt – was will man mehr?

Backrohr auf 200 °C vorheizen. Äpfel halbieren, Kerngehäuse und Fruchtansatz entfernen. Das geht am besten mit einem Kugelausstecher, der in Haushaltsgeschäften für wenig Geld zu haben ist. Äpfel in eine Auflaufform setzen. Mit Nüssen und Rosinen füllen, mit Zucker bestreuen. Butter in der Pfanne und auf den Äpfeln verteilen. Ein kleines Glas Apfelsaft untergießen. Im Backrohr braten. Das dauert ca. 30 Minuten.

Küchentipp:
Wir mögen Bratäpfel mit Maroni als kleines, süßes Abendessen. Wir stellen die Form mit den Äpfeln auf ein Backblech und nutzen den Rest des Blechs für die Maroni.

Süße Polenta mit Obst

200 ml Milch
250 ml Wasser
100 g Maisgrieß
1 Prise Salz
Ingwer
1–2 EL Honig
2 Birnen oder Äpfel
100 ml Wasser oder Saft (Apfel, Birne, Orange...)
Honig nach Geschmack
1 kleine Zimtstange
1 Nelke
1 TL Zitronensaft
1 Hand voll Nüsse zum Garnieren

Manchmal im Winter brauchen wir ein richtig schönes Grießkoch als Nachtisch. Ein klein wenig besonders wird es, wenn Sie Maisgrieß dafür verwenden und mit Ingwer verfeinern. Die Kinder streuen sich bei Tisch gerne Zimt und Zucker über die süße Polenta.

Milch und Wasser in einem Topf erhitzen, den Maisgrieß und die Gewürze einrühren und unter Rühren 4 Minuten köcheln. 10 Minuten ausquellen lassen. Inzwischen ein Kompott aus Früchten der Saison zubereiten. Die Früchte vierteln und entkernen. Wasser mit Früchten, Honig und Gewürzen 3 Minuten köcheln lassen, dann gut kühlen. Die süße Polenta in Dessertschüsseln füllen. Mit Kompottfrüchten und gehackten Nüssen servieren.

Küchentipp
Statt Kompott Apfelmus (s. Seite 94) oder gebratenes Obst zur Polenta servieren. Dazu Äpfel oder Birnen in dünne Spalten schneiden und die Spalten in Butter beidseitig vorsichtig anbraten. Eventuell mit einem Schuss Spätlese löschen.

Maronicreme mit Früchten

200 g Maronipüree (TK)
Rum
Vanillezucker
2 Blatt Gelatine
1/2 Becher Schlagobers
Honig

Maronipüree mit Rum und Vanillezucker verrühren. Gelatine in kaltem Wasser einweichen, nach 3 Minuten aus dem Wasser nehmen und auflösen. Dazu einen kleinen Topf mit 2 cm hohem Wasser erhitzen, die ausgedrückte Gelatine in einen Schöpflöffel geben und diesen in das heiße Wasser einhängen. Nach einer Minute ist die Gelatine geschmolzen und wird nun in das Maronipüree eingerührt. Dann das geschlagene Obers unter die Maronimasse heben. Die Creme in Schüsseln füllen und kalt stellen. Mit Weintrauben, Physalis, Mango oder anderen Früchten servieren. Ganz besonders gut passen pochierte Birnen auf Schokoladensauce (vgl. S. 95) zum Maronipüree.

Küchentipp
Maronipüree kann man natürlich auch selbst zubereiten:
Dazu bei 600 g Kastanien die Schale mit einem scharfen Messer einschneiden. Mit Wasser bedeckt rund 45 Minuten kochen. Kurz mit kaltem Wasser abschrecken und sofort schälen. Die Maroni dann passieren und wie oben beschrieben weiterverarbeiten.

Rindfleisch im Gemüsepaket

500 g Kartoffeln
4 Karotten
1 Gelbe Rübe
1–2 Pastinaken
300 g Kohlsprossen
6 Schalotten
700 g Rindfleisch zum Braten
(Tafelstück, dicke Schulter,
mageres Meisel)
4 Knoblauchzehen
3 EL Olivenöl
1 EL Tomatenmark
je 1 Rosmarin- und Thymianzweig
1 Lorbeerblatt
Salz, Pfeffer
250 ml Rotwein
250 ml Suppe oder Wasser

Kartoffeln und Gemüse putzen und grob zerkleinern. Schalotten fein hacken. Fleisch gut mit Salz, Pfeffer und zerdrücktem Knoblauch einreiben und in Öl rundherum anbraten. Die Hälfte des Gemüses und der Kartoffeln in einen (gewässerten) Römertopf geben, Tomatenmark, Gewürze und das Fleischstück drauflegen und dann mit dem restlichen Gemüse bedecken. Wein und Wasser oder Suppe (vgl. S. 27) angießen. Nicht vergessen, das Gemüse ausreichend zu salzen. Den Römertopf ins kalte Backrohr schieben und das Rindfleisch bei ca. 200 °C rund 2 Stunden schmoren lassen.

Küchentipp
Im Frühherbst geben wir neben Kartoffeln und Karotten auch Melanzani, Zucchini, Paprikaschoten und Fisolen zum Fleisch. Wer keinen Römertopf hat, kann das Gericht auch in der Bratfolie oder in einer Jenaerform zubereiten.

Lieblingsbücher

Eindeutig das schwierigste Kapitel in diesem Buch – ja wirklich. Wir haben so viele Lieblingskochbücher dass es uns schwer gefallen ist, eine Auswahl zu treffen. Hier ist sie trotzdem – es sind ausschließlich Bücher, die ihren Leserinnen und Lesern zu mehr Freiheit in der Küche verhelfen.

Dickhaut, Sebastian:
Wie koch ich ...?
Gräfe & Unzer, 2006
Ein wirkliches Basiskochbuch, aber glauben Sie uns: Beim Kochen lernt man nie aus. Und nur wer das Handwerk beherrscht, gelangt zur schöpferischen Freiheit. In diesem Buch steht extrem viel Nützliches und das ist auch noch lustig zu lesen.

Gerlach, Hans:
Kochen (fast) ohne Rezept.
Goldmann, 2006
Eines der allerbesten Kochbücher (nicht nur) der letzten Zeit. Erklärungen zu Theorie und Praxis des Schneidens, Bratens und Schmorens kombiniert mit sehr feinen Rezepten. Ein absolut sympathisches Kochlesebuch!

Meuth, Martina, Neuner-Duttenhofer, Bernd:
Der große Meuth Neuner-Duttenhofer.
Collection Rolf Heyne, 2004
Die 900 besten Rezepte aus der Kochwerkstatt des durch das Fernsehen bekannt gewordenen Paares. Es zeichnet sich durch sehr viele Informationen rund um die Produkte und die Zubereitungsarten aus und ist daher ein praktisches, ausgesprochen anregendes Nachschlagewerk.

Obauer, Karl und Rudi:
Hemmungslos kochen.
Knaur Verlag, 2002
Die beiden berühmten österreichischen Spitzenköche haben da nicht nur viele Rezepte, sondern noch viel mehr Anregungen hineingepackt. Eine kulinarische Harmonielehre ersten Ranges, aber keineswegs alltagsfern.

Slow Food

Slow Food ist eine internationale Vereinigung, die sich dafür einsetzt, biologische Vielfalt, regionale kulinarische Traditionen und handwerkliche Qualität bei Lebensmitteln zu erhalten. Sie fördert eine sozial- und umweltgerechte Landbewirtschaftung. Sie steht für Genuss gepaart mit ökologischer Verantwortung sowie für die Verbreitung von Geschmacksbildung.
Slow Food ist in 50 Ländern mit etwa 800 regionalen Gruppen („Convivien") und 83.000 Mitgliedern aktiv. Gegründet wurde Slow Food 1986 in Italien als Antwort auf die zunehmende Geschmacksdiktatur der Lebensmittelindustrie und die Ausbreitung des „Fast Food".
Kontakt und Information:
kostenfreie Telefonnummer 0800 28 11 41
www.slowfood.com
www.slowfoodaustria.at
www.slowfood.de

Rezepte von A bis Z

Rezepte für den Frühling
Vorspeisen und Salate
Avocado mit Zitrone 21
Frühlingssalat mit Ziegenkäse 20
Rucola mit Datteln 22
Salatherzen mit Senfdressing 16
Spargel, grüner mit Balsamessig 19

Suppen
Cremesuppe, grüne mit gebratenem Fisch 27
Suppe aus Frühlingszwiebeln 26
Suppe, klare mit Frühlingsgemüse 25
Hauptspeisen
Fisch auf Blattspinat mit Zitronenbutter 32
Forelle mit Kräutern aus dem Backrohr 40

Frittata mit Kräutern	28	**Suppen**	
Hirseblinis mit Frühlingsgemüse	31	Kürbissuppe mit Kokos	81
Huhn mit Reis und Karottensalat	33	Cremesuppe mit Petersilie	82
Karottencurry mit Bananen	34	Weißkrautsuppe mit Safran	83
Zitronennudeln	16	**Hauptspeisen**	

Desserts

Crumble mit Rhabarber und Äpfeln 37
Erdbeeren, gegrillt mit Zitroneneis 38
Schmarren mit Beeren 39

Rezepte für den Sommer
Vorspeisen und Salate

Crostini mit Tatar 45
Gemüse, lauwarmes, mariniertes 46
Kohlrabisalat, klassisch 48
Kohlrabisalat mit Dillrahm 48
Kohlrabisalat mit Früchten 48
Schafkäse, gegrillt mit Tomaten 51
Vinete – Melanzaniaufstrich 49
Steak mit Zucchininudeln 45

Suppen
Fischsuppe, klar mit Safran 52
Gurkensuppe, kalt mit Knoblauch 54
Tomatencremesuppe mit Rucola 55

Hauptspeisen
Fischfilet mit Sommergemüse 61
Gemüsehuhn aus dem Backrohr 69
Geschnetzeltes mit Gurke 60
Ofen-Kartoffeln mit Ratatouille 63
Mais, junger mit Butter 58
Hühnerbrust mit Paprikasauce 57

Desserts
Knusperjogurt mit Himbeeren 64
Honigbeeren mit Vanilleeis 66
Pfirsichcreme mit Minze 67

Rezepte für den Herbst
Vorspeisen und Salate
Birnen-Sellerie-Salat mit Nüssen 78
Pesto mit Fenchel und Limette 75
Rote-Rüben-Salat mit Apfel 76
Zucchiniröllchen auf Blattsalat 79

Suppen
Kürbissuppe mit Kokos 81
Cremesuppe mit Petersilie 82
Weißkrautsuppe mit Safran 83

Hauptspeisen
Couscous mit Huhn 84
Fleischbällchen mit Püree 72
Kohl, junger mit Limettensauce 87
Lammbraten mit Sardellen 97
Polenta, mit gebratenen Schwammerln 89
Tomatensauce, die beste schnelle 88
Zucchinigemüse, mediterran 90

Desserts
Apfelmus mit Ingwer 94
Birnen, gebraten auf Briochetoast 95
Birnen, pochierte auf Schokosauce 95
Rogers von der Kokosnuss 93

Rezepte für den Winter
Vorspeisen und Salate
Carpaccio von Roten Rüben mit Schafkäse 104
Chicoréesalat mit Nüssen 106
Hummus – Kichererbsenpüree 103
Salat mit Chinakohl, Äpfeln und Kren 107

Suppen
Borschtsch, der schnelle 100
Karottensuppe mit Ingwer 109
Kartoffelsuppe mit Chips 111
Suppe, mediterrane aus roten Linsen 110

Hauptspeisen
Chinakohl, süßsauer gebraten 116
Geschnetzeltes vom Jungrind 117
Kartoffelwürfel mit grüner Sauce 112
Köfte mit Kürbisgemüse 118
Rindfleisch im Gemüsepaket 124
Wintergemüse, gebraten 115

Desserts
Bratäpfel mit Nüssen und Rosinen 121
Polenta, süß mit Obst 122
Maronicreme mit Früchten 123
Topfen, mit Orange 100

Bildquellen

Umschlag: Miguel Dieterich
Inhalt: Miguel Dieterich

Impressum

© 2006 Österreichischer Agrarverlag Druck- und Verlagsges. m.b.H. Nfg. KG,
Sturzgasse 1a, A-1141 Wien, E-Mail: buch@avbuch.at, Internet: www.avbuch.at

Die Deutsche Bibliothek – CIP-Einheitsaufnahme
Die Deutsche Bibliothek verzeichnet diese Publikationen in der Deutschen Nationalbibliografie;
detaillierte bibliografische Daten sind im Internet über http://dnb.ddb.de abrufbar.

Das Werk ist einschließlich aller seiner Teile urheberrechtlich geschützt. Jede Verwertung außerhalb der engen Grenzen des Urheberrechtsgesetzes ist ohne Zustimmung des Verlags unzulässig und strafbar. Das gilt insbesondere für Vervielfältigungen, Übersetzungen, Mikroverfilmungen und die Einspeicherung und Verarbeitung in elektronischen Systemen.

Für die Richtigkeit der Angaben wird trotz sorgfältiger Recherche keine Haftung übernommen.

Redaktion und Projektleitung: Alexandra Mlakar
Umschlag & Layout: Ravenstein + Partner, Verden
Gesamtherstellung: Buch & Konzept, Annegret Wehland, München
Satz: Ravenstein + Partner, Verden
Bildreproduktion: Repro Ludwig, Zell am See

Druck und Bindung: Gorenjski Tisk, Kranj
Printed in Slovenia

ISBN-10: 3-7040-2167-9
ISBN-13: 978-3-7040-2167-0